会说话的女人最强大

李小落／著

北方文艺出版社

图书在版编目（CIP）数据

　　会说话的女人最强大 / 李小落著 .—哈尔滨：北
方文艺出版社，2016.10
　　ISBN978-7-5317-3717-9
　　Ⅰ.①会… Ⅱ.①李… Ⅲ.①女性 – 语言艺术 – 通俗
读物 Ⅳ .① H019-49

中国版本图书馆 CIP 数据核字（2016）第 253319 号

会说话的女人最强大
HUI SHUOHUA DE NVREN ZUI QIANGDA

作 者 / 李小落

责任编辑 / 王金秋

出版发行 / 北方文艺出版社　　　　网 址 / www.bfwy.com
邮 编 / 150080　　　　　　　　　　经 销 / 新华书店
地 址 / 黑龙江现代文化艺术产业园 D 栋 526 室

印 刷 / 北京嘉业印刷厂　　　　　　开 本 / 880×1230　1/32
字 数 / 185 千　　　　　　　　　　印 张 / 7.5
版 次 / 2016 年 10 月第 1 版　　　　印 次 / 2017 年 7 月第 2 次印刷

书 号 / ISBN 978-7-5317-3717-9　　定 价 / 32.80 元

前言 会说话，就没有你要不到的"糖"

"作为女人，你可以不漂亮，可以不性感，但你不可以不会说话。命运，就掌握在你的'嘴'上!"

"再怎么努力，都不如会说话的女人有力! 会说话的女人最迷人，会说话的女人灵魂有香气。"

……

女人，会说话有这么大的力量，你信吗?

反正，我信! 下面我们就一起来看看台湾著名主持人于美人是怎么说话的吧。

一次，电视台老板要找我谈有关酬劳的问题。当然，我的目标就是加薪，但是我不知道要如何开口，我很想鼓起勇气直截了当地跟老板说："我要加薪!"但是我才刚进入电视圈不久，如果讲得这么直接，会不会太过分呢?

为了这次薪资谈判，我挣扎了好多天，始终想不出该如何向老板开口。到了谈判的那天，我的脑袋还是一片空白，怎么办呢? 只好见招拆招!

薪资谈判的那天下午，我与这位电视台老板相约在某家五星级饭店的餐厅喝下午茶。我们聊了很多，但是却没有半句话跟加薪有关。眼见这场下午茶就要结束了，我的内心开始焦虑起来。

正好这家餐厅里有位漂亮的女服务生正在为客人续杯。当她朝我走来，礼貌地问我："于小姐，请问你要加茶还是加咖啡呢？"于是，我福至心灵地大声对女服务生说："可以加薪吗？"老板听到我那委婉至极的真心话之后，大笑了三分钟。按照以往"大笑三分钟，好事自然多"的经验，我相信马上就会有好事发生。果然，老板笑完之后，立即同意给我加薪！

相信大家看完之后都会为于美人的聪慧莞尔一笑吧！是的。中国有句老话："会说话，当钱花。"会说话，就没有你要不到的"糖"。因此，别把说话不当艺术哦！

会说话的女人，她们知道如何委婉含蓄地批评，如何直截了当地拒绝；她们知道何时该撒娇示弱、以柔克刚，何时该冷静自卫、刀枪不入；她们心思细密，懂得怎么说别人爱听、怎么讲大家都开心；她们不吝啬自己的溢美之词，可以人前真诚地赞美，也可以巧借他人嘴传递夸奖词；她们身陷尴尬时，可以随手用幽默、自嘲来解围；她们说服他人时，能够信手拈来各种美人"心计"……她们是社交场合的魅力女神，因为她们最擅长用自己的柔情蜜意把平常的话语说得句句攻心。

细想一下，上面提到的这些说话情景——批评、拒绝、赞美、说服、摆脱尴尬等，几乎每天都出现在我们的生活和工作中。如果你能以得体的语言来应对这些情景，你的生活肯定会开心很多，至少不会因为嘴欠而惹来不必要的烦心事。

会说话的女人魅力十足。社交场上，她们圆通而不圆滑，交际应酬大方得体，能够不失体面地维护好各方面的关系；她们懂得照顾别人的感受，因而深受朋友的喜爱。这样的女人即使没有花容月貌，也能够凭借较强的说话能力成为社交场上的魅力女王。

会说话的女人事业通达。她们深谙职场中的说话办事规则，懂得如何与上司沟通、如何管理下属、如何与同事建立融洽的合作关系。这样的女人，无论从事什么工作，都能够做到游刃有余。

会说话的女人家庭幸福。她们能够巧妙化解各种家庭矛盾，懂得如何经营和谐的夫妻关系，怎样做个好媳妇，如何做个好妈妈。这样的女人必然能够拥有幸福美满的家庭。

作为女人，上帝可能会赐予你靓丽的外表，但不一定能给你"灵巧"的舌头。所以，说话是女人后天的一门必修课，通过不断修炼，完善自己的口才，就能为你的美丽加分，为你的魅力加分！

第一章 每个成功的女人，可能相貌平平，但必定语出惊人

第二章 一开口就让人觉得你是个可人儿

第三章　女人说话要像做衣服，得讲究尺寸

第四章　不做大嘴婆，做滴水不漏的口才精

第五章　说服他，需要美人心计

第六章　你得会"包装"你的拒绝，才不会无辜遭受白眼

第七章　冷场了，再打开火炒热就好了

第十一章　说好场面话，可以八面玲珑，可以温柔贴心

第一章 每个成功的女人，
可能相貌平平，
但必定语出惊人

颜值时代更拼"言值"，
会说话的女人惹人爱

　　你身边是不是也有这样的事，某某女生不是很漂亮，但是有很多优秀的男生都喜欢她，朋友同事也特别爱和她在一起，觉得跟她相处很舒服、很自在。正如著名主持人蔡康永先生所说："外表好不好看，绝对不是人生的决胜点。讨不讨人喜欢，还比较更重要一点。"为了增强说服力，蔡康永先生还给出了这一结论的论据：

　　和你住同一间房子的室友，或者，坐你隔壁办公桌的同事，就算长得很美，你也不见得心情会很好，但要是她很讨人厌，你却一定心情坏。如果你的室友或同事，长得不美，但很好相处，很讨人喜欢，那你的心情就很容易很好。大概只有做大明星的人，比较适合非常美但是非常讨人厌。如果没打算做大明星的话，那么会因为你的美丽而感到人生满足的人，其实很有限。反而是你的讨人喜欢，可以造福身边很多人。

　　在拼颜值的演艺圈，贾玲绝对是一个神奇的存在。"国民老公"宋仲基说喜欢贾玲的酒窝。的确，酒窝是女神与男神的杀手锏，许晴的酒窝里就有蜜，但酒窝在贾玲的脸上，不是蜜，而是笑。

贾玲，一个集高情商与"小心机"于一身的真实的女汉子，没有花容月貌，没有矫柔造作。但她太会说话了，让人根本讨厌不起来，何况没人会讨厌一个看着就想笑的人。不管是参加综艺节目，还是接受采访，抑或是出席朋友的婚礼，她总会用自己那套特别的高情商说话方式吸粉无数。

3月30日，包贝尔夫妇带着一岁的女儿饺子在巴厘岛补办婚礼，请来了一大拨明星好友助阵，徐峥更是担任了证婚人一职。不过，本来好好的一桩婚事，却因为伴郎团闹伴娘一事，在网上激起了热议。

在婚礼的抢亲环节，玩"嗨"了的伴郎们嬉闹着要把伴娘柳岩抬起来扔到游泳池里！第一次当伴娘的柳岩，一开始高兴又紧张，还在微博上晒自拍询问网友建议。没想到，婚礼上却突然被这样戏弄，吓得她花容失色，全程尖叫，大喊"救我啊"……柳岩当天穿的是浅色抹胸裙，拉扯中极易暴露，湿身后又是何等"春光"乍泄？别说女明星要保持形象，相信任何一个女孩子都不会愿意在大庭广众之下走光出丑。

幸亏这个时候贾玲对柳岩出手相救！贾玲冲出来想推开伴郎，看无法推开，自己索性一屁股坐在了柳岩身前，以防止她被推下去。如果事情到这就结束，还不足以体现贾玲的高情商。

贾玲这样"英雄救美"，难免让几位嬉闹的伴郎有点儿下不来台，于是她接着机敏地说："这件事很简单，红包就能解

决。"于是掏出红包塞给眼前几位伴郎，瞬间缓解了尴尬，让他们妥妥地走下了台阶，现场气氛也依旧热闹。

贾玲一句"这件事很简单，红包就能解决"击退了嬉闹的人群，更是收获了各界的一致赞赏。不少网友都说，若是换作自己，看着一个女性朋友被这样戏弄，很可能会控制不住对几位伴郎大骂一通。不过这样做虽然保护了自己的朋友，但却会破坏婚礼现场的热闹气氛，而且跟被骂的几位伴郎大概也"友尽"了。可贾玲一句笑语，不仅维护了柳岩，而且还顾及了大家的情面——拿红包给伴郎台阶下，不仅讲义气而且情商高，不得不说做得真好。

一个看脸的世界，谁都想提高自己的颜值。但是，如果一个人颜值很高，但他言而无信、花言巧语，你会喜欢他吗？有一个人颜值不高甚至有点低，他会仗义执言、金玉良言，你会喜欢他吗？会！这就说明外貌的"颜值"远远比不上语言的"言值"重要。

黄渤长得不帅，但他努力演到了金马影帝。有一个很帅的主持人采访他："马云说男人的相貌跟他的才华成反比，你怎么看？"帅哥主持人就是想当众让黄渤出个丑，但是黄渤反问道："我相信这句话也一直激励着你吧？"让这个只有颜值，没有言值的主持人哑口无言。

仅仅靠颜值并不能成为一个真正有魅力的人，而言值却能够凸显一个人的智慧和气质。愿我们都能成为这个时代的言值担当！

北大才女王帆在《我是演说家》中的这段演讲充分表达了在

新时代应该大力倡导并颂扬"言值"，号召人们要有言值担当的智慧和远见，令人醍醐灌顶。

最近大家都在说，"友谊的小船说翻就翻"，到底是什么意思？友谊是一种很玄很玄的东西，它可以经受诱惑也坚韧不破，但也可以因为鸡毛蒜皮说断就断。会说话的女人最懂怎么维持友谊，她们心里装着别人，在任何时候都能照顾到周围的每一个人，让大家都舒服。当然，会说话绝不是时刻取悦别人，而是不随便伤害别人，也不让别人伤害自己。

从现在开始"修炼"自己，做个会说话的高情商者，让友谊的小船稳稳地开向远方吧！

只意会、不言传的拒绝
让姐妹情更浓

　　不论是在职场还是在生活中，热情帮助别人，对别人的困难有求必应，肯定有助于建立融洽的人际关系。但经常会发生这样的事，即别人求助于你的恰恰是令你感到为难的事。帮忙吧，自己确实有难处；不帮忙吧，又怕人家说你的闲话。还有的时候，你必须对别人的提问进行回答，一般说来，肯定的、合乎对方期望的回答往往能使提问者感到愉快，而否定的回答，尤其是直截了当地说"不"，则会使提问者感到失望和尴尬。由此可见，说"不"需要很大的勇气。

　　拒绝是一门艺术、一门学问，能体现一个人的综合素养。当别人对你有所求而你又办不到，不得已要拒绝的时候，最好用婉言拒绝的方式。与直接拒绝相比，婉言拒绝更容易被人接受。因为它在更大程度上顾全了被拒绝者的颜面。

　　"国民励志女作家"咪蒙在教大家如何高情商地好好说话的文章中，就提到了"包装"拒绝的一个绝招——拒绝别人，可以先自责。

比如很多人找我约稿，我就会说"我人品特别差，是个超级拖延狂，经常放鸽子。我对你最负责任的做法，就是不接这个稿子，真的，请谅解"。别人只好说"好吧，那以后有机会再合作"。

在对方提出请求后，不要马上回答，而是先讲一些理由诱使对方自我否定，自动放弃原来提出的请求，以减少对方遭到拒绝后的不快。咪蒙的这一拒绝方法确实方便好用，值得我们每一个人借鉴。

两个打工的老乡找到在城里工作的李芳，诉说打工的艰难，一再强调宾馆住不起，租房又没有合适的，言外之意是要借宿。李芳听后马上带着愁闷的神情暗示说："是啊，城里比不了咱们乡下，住房可紧了。就拿我来说吧，这么两间耳朵大的房子，住着三代人，我那上高中的儿子，晚上只得睡沙发。你们大老远地来看我，本该留你们在我家好好地住上几天，可是现实条件却不允许啊。"两位老乡听后，就非常知趣地走了。

拒绝别人，如果处理得不好，很容易影响彼此的关系，所以拒绝别人的时候最好绕个弯说出你的"不"。人都是有自尊心的，一个人有求于别人时，心里难免会惴惴不安，如果你一开口就说"不行"，势必会伤害对方的自尊心，引起对方强烈的反感。如果不明说但话语中让他感觉到"不"的意思，从而委婉地拒绝对方，就能够收到良好的效果。所以，掌握好说"不"的分寸和技巧就显得很有必要。

◎**通过幽默的话拒绝别人**

在拒绝别人的时候加入一些幽默，不仅不会让对方感到难堪，而且你自己心里也不会有太多的压力和内疚。

◎**借故推托**

例如，一位同事想请你到他家吃饭，以便求你帮个忙，你不便直接说"不"，就可找个理由推辞。你可以说家里有事不能去。这时，别人一般就会明白你的意思了。

◎**用答非所问的方式，婉拒对方的建议**

例如，一位朋友邀请你星期天去看电影，你不想去时可以回复他说："划船也不错，咱们去公园划船吧。"这样一来，对方一听就知道你不想答应他的邀请。

◎**拖延回答**

例如，一位老乡对你说："你今晚到我这来玩吧！"你不想去时可以说："今天恐怕不行了，改天我一定会去的。"这样的话听起来比"没空，去不了"的回答，更易于被对方接受。至于下次什么时候来，其实也并没说清楚。

◎**先扬后抑**

对于别人的一些想法和要求，你可以先找出其中你同意的部分加以肯定，然后再表达你的反对意见。这样既不会伤害对方的感情，也将自己的想法表达了出来。

"黄金剩斗士"新解——跟林志玲学应对刁难

当对方提出的问题使你无法回避，又不好做出正面解答时，不妨顺水推舟接着他的话茬往其他方面引申，给予间接回答。接茬引申需要说话者具备丰富的想象力和超棒的口才，使间接回答的话语出乎对方的意料。可以说，接茬引申法是应付敏感问题的一种行之有效的方法，既回应了对方的问题，又显示出了自己的气度和心胸。

请看"台湾第一美女"林志玲是如何妙用接茬引申法的：

林志玲能稳坐台湾美女的头把交椅多年，与其好口才密不可分。可能很多女生不太喜欢林志玲，因为她拥有天下女人所羡慕的美貌、甜蜜的娃娃音以及超好的异性人缘，实在是想不让人嫉妒都难。但是，就算拥有这么多优势，林志玲为人依然很谦虚、不做作。在她参加的某真人秀节目里，她的表现几乎无差评。她录节目不摆架子、不矫情，不会因为录制环境差就向节目组抱怨，反而会去主动帮助别人。她参加发布会会穿平底鞋，以配合其他女星的身高；别人跟她握手，她会主动屈膝跟对方尽

量保持平视……

2014年7月，林志玲在哈尔滨出席活动时，现场有记者屡屡追问她的感情归属问题："即将迈入40岁的门槛了，'女神'为何还没找到'白马王子'？网友都说你是'黄金剩斗士'，对此你怎么看？"这个问题本来会弄得林志玲一脸尴尬和羞涩，但是没想到，她随即莞尔一笑，"解读"道："不错啊，'黄金'很好嘛，意味着我还在黄金时期，希望在黄金时期有一段黄金爱情。'斗士'我理解为自己仍拥有对生命和梦想的追求。我也不是'女神'，其实就是一般的女孩子。可是大家给我这个封号，我会更有使命感去做好许多事情。"一席话博得众人一片笑声和掌声。

林志玲面对记者"大龄剩女"的戏谑和调侃，心里肯定有些不爽，但她仍旧以淡定从容的姿态，运用引申法机智应对。对于"黄金剩斗士"的称号，她不仅乐意笑纳，而且赋予了全新的含义，让对方不得不拍手叫好。这种间接岔题作答，不但能恰到好处地制止刁难，回击对方的挑衅，而且还使答话的语言充满情趣和魅力。

大家都说志玲姐姐美，但是，我想说，美丽是林志玲最不起眼的一个优点，会说话才是她最大的闪光点啊！

曾经有个记者问林志玲："孙红雷以前说过，不会和你这样的花瓶演戏，现在却还是和你合作了，有什么感想？"志玲姐姐马上回答："我只会相信红雷大哥亲口对我说的，我没听说过的，我不会相信。再说，如果雷哥真的有说过这样的话，他现在与我合作，不就是最好的证明吗？说明我的努力是有回报的。其实花瓶也是赞美啦,起码肯定了我还是有外貌的。"

对比一下那些被冠以"花瓶",动不动就黑脸的女星来说,志玲姐姐以这样温柔、平和又自嘲的方式回应了最头疼的问题,真是情商高的大神啊!

身为女明星能够巧妙应对记者的犀利提问,大概是走好星途的第一步吧。既能够回答对方的问题,又把对方的嘴堵上,不让他在私人问题上纠缠下去,确实需要超棒的口才作支撑,随机应变,保护自己。

2015年6月13日,周冬雨在上海电影节上出席新片《冰河追凶》发布会。由于此前周冬雨与恋爱男友度假时忘拉窗帘遭狗仔偷拍,现场,周冬雨被提问最多的是"窗帘门"问题,一时好不尴尬,只听周冬雨机智回应说:"没想到大家这么关心一个窗帘的事,我都想开一家窗帘厂了,请记者朋友们来代言。"引发台下一阵哄笑和掌声。

在公众场合,对于某些私人信息,你并不想公开但有人偏偏要打听,这时候断然拒绝回答会显得你不会聊天,也会让对方陷入尴尬之中。那么,你就可以学学上面两位明星的机智应对技巧,通过曲解引申、幽默表达,将对方的问题引到无关话题上去,然后顺着新话题越聊越远,你就无须正面回答令你尴尬的问题了。这样做既保护了自己的隐私,又不会让对方下不来台,还不会破坏现场气氛,一举多得,何乐而不为呢?

恰当的措辞可以让你和火星人对话

　　《天下女人》有一期节目请来了个性才女刘索拉，她是一位音乐家、作曲家，也被视为中国真正的"现代派"作家。与这样一位思想另类、个性独特的才女交流，很多人心里肯定会很紧张，不知道跟对方说些什么，怕听不懂对方那些"专业术语"。但是，让我们来看看杨澜是怎么与这位才女实现无障碍沟通的吧！

　　刘索拉："中国不是有一阵狂录音嘛，于是出现了第一批'棚虫'，我本身也是一只'棚虫'，所以那段时期写了很多电影音乐。"

　　杨澜："棚虫？第一批棚虫？"

　　刘索拉："棚虫就是成天在录音棚里趴着，做唱片，还扒唱片的人，那时候还要扒唱片。"

　　杨澜："什么叫扒唱片？"

　　刘索拉："扒唱片就是把国外的流行音乐扒成中国的，翻成中国词，就是把人、音乐和歌词分开。我扒过一张美国的唱片，那是一张早期的美国唱片，因为不懂英文就只听声，听着音乐感觉有什么词出来，我就把相应的旧歌词换成我想到的新歌词。但是我要把音乐全部都扒下来，扒完这个再填词，填完词崔健唱。"

杨澜："哪首歌是崔健唱的？"

刘索拉："那是很早的一首歌了，那时候他还没唱那个《一无所有》。"

杨澜："《一无所有》是很早了。"

两个人接着崔健和以前的音乐等话题兴致勃勃地聊了起来。在融洽热闹的谈话氛围中，两个陌生人之间的距离越来越近了。

杨澜之所以能与各式各样的人物聊天，一个很大的原因就是，她会根据不同的人来调整自己的词汇，快速地给予对方亲切感和共鸣感。例如在与刘索拉的聊天中，她就一直提及对方熟悉的词汇"棚虫""扒唱片"等，让对方认为你有所了解和认同，于是愿意跟你继续往下说。

实际上，针对不同的人挑选不同的词汇，是一个很重要的谈话技巧。与陌生人谈话时若要营造轻松和谐的气氛，拉近彼此之间的距离，使用什么样的词语很重要。恰当地使用词汇有以下几个方面需要注意：

◎**重复对方的词汇**

在谈话时，对方刚刚说的某个术语、俚语或是口头语，你可以马上把它用在自己要说的话里面，这会让对方感到很亲切。尤其是对于一些术语或是俚语，使用对方所说的词能够表现出对对方极大的支持和肯定。

◎**识别对方的感官用词**

要知道不同感官偏好的人对于不同的词汇也有偏好。不同类型的人所习惯使用的感官用词是不同的，对于他的偏好你要在倾

听对方说话时多多留意。当你发现对方的感官偏好后，就可以在你说话时有意识地多使用对方所习惯用的那些词汇类型。

例如，对方的话中经常出现"看上去""观点"等词汇，你可以凭借这些词汇确定对方倾向于视觉型，那么你就可以在以后的谈话中多使用视觉型的词汇，不仅是"看上去""观点"，还可以用其他的视觉型词汇，例如，"观察""反映"等。

感官用词一般是比较隐蔽的，需要你非常敏锐地去发现。同时，你使用和对方同类型的感官用词，对对方所产生的影响也是隐蔽的，对方听你说话会觉得非常顺耳，却说不出为什么。

◎模仿对方的习惯用语

习惯用语俗称口头禅，是一个人习惯性使用的词汇。例如，有些人喜欢说"无所谓"，或者"太棒了""太背了""很酷""没意思"，等等。有一些口头禅是时尚的流行语，也有一些是非常具有个人色彩的。不管是什么样的习惯用语，如果你想提升自己的影响力，就可以在和对方说话的时候主动使用它，甚至你可以使用得比对方还要频繁。这种亲切和亲密的感觉会令对方很惊喜，因为你和对方的习惯用语一样，对方会认为你们俩的观念、性格、生活都比较相近。

◎避免使用否定和绝对的词汇

对于对方的观点不要一开口就说"不对"，没有人喜欢被否定。所以要把你的"不对"改成"对"，也就是先对对方的部分观点表示赞同，然后再发表你的不同观点。

另外，在与求异型的人谈话时，要尽量避免说一些表示绝对意义的词，如"一定""肯定""百分之百""绝对"，等等。因为求异型的人喜欢挑毛病，如果你说的话过于绝对，他们会不由自主地在内心或是口头上表示质疑。为了不引起对方的反感，避免争执，说话时可以尽量使用比较中性的词语，不要把话说得太满。

◎说话要简洁

有些人叙述一件事情，为了卖弄才华，极力地修饰他们的语句，用重复的形容词，或学西方语言独有的倒装句法，或穿插些不恰当的歇后语，使别人摸不清他到底想说些什么。有些人在说话时，东拉西扯，缺少逻辑性和系统性，使人有种不知所云的感觉。如果你要提升自己的影响力，只要在说话时记住要说得简洁扼要就行了。

恰当的措辞是把话说得滴水不漏的重要前提，与人交谈，虽然你能准确理解对方的意思，但是却无法准确表达出来，那么谈话仍旧无法顺利进行下去。所以选择恰当的措辞，即使你不是学富五车，也能跟对方谈天说地。

女人夸女人，虚心讨教
比"你最美"更有效

　　爱听赞美之词是女人的天性，而爱听来自女人的赞美则是女人爱慕虚荣的天性。当女人听到同性朋友对她的赞美时，心中会产生一种莫大的优越感和满足感。可以说，恭维是博得女人心的好方法，只要能把话说到点子上，就能深入她们心，与她们打交道或共事也就顺畅多了。

　　长相和气质的美大多是天生的，对这方面的恭维并不是对每个女人都适用。然而每个成功的女人都有自己异于常人的过人之处，这往往是她花费大量精力才获得的。如果你对她的这些方面表示承认，并且进行适当赞美与恭维，对她显露出求教的意思，给她充分展现自己特长的机会，她一定会非常高兴。

　　李琴所在单位的副主编王颖出身书香门第，自幼学习琴棋书画，尤其对书法颇有研究。一次，李琴和几个同事一起去拜访她，恰巧碰到她正在写字。"哎呀，没想到王副主编的字写得这么好。"精明的李琴一副发现新大陆的样子。

　　"哪里哪里，胡乱涂鸦罢了。"王颖谦让着。

"我以前也学过两年书法，但总不得要领。不知道您有什么绝招，可不可以教教我？"李琴虚心求教。

"你也喜欢书法？那太好了！"王颖像遇到知己一样，兴奋地对李琴说起来。

"就我自己的体会，学写书法就在于三点：眼到、心到、手到。所谓眼到，就是观摩名家作品，要观察入微；心到呢，就是学书法要有恒心，切不可'三天打鱼，两天晒网'的，并且写的时候要用心去体会，进入忘我的境界。"王颖停下来，喝了口茶。

"那手到又指什么呢？"李琴一副求知的样子。

"手到当然是多练了。只有多练才能体会到书法的真义。"

"唉，我过去就是看得少，练得少，并且没有恒心。今天听您一席话，对我的帮助真是太大了！"李琴感慨地说。

接下来她们自然是谈得非常投机。临走时，王颖还送了李琴一副自己的书法作品。李琴将它往自己办公室一挂，当然增光不少，王颖也更加关照她了。

爱虚荣是女人的天性，女人与女人在交流的时候可以先了解一下对方的虚荣所在，然后表现出一副技不如人、虚心求教的态度，对其进行恭维，她一定会十分受用，对你更有好感。要知道，越傲慢的人，越喜欢听奉承话。

有的人义正词严，说自己不受恭维，愿听批评。其实，这只是门面话，如果你信以为真，毫不客气地批评他，他心里一定不会高兴。表面上他虽然未必有所表示，但内心却是十分恼火，对于你的好感只会降低，不会增进。

赞美、恭维的话人人都爱听，但"真理向前跨越一步就是谬误"，适度的恭维、适量的给予会使人心情舒畅，反之，则会使人陷入尴尬。所以，我们一定要根据所恭维对象的性别、年龄、性格、职业、教育环境、工作环境、生活环境等因素来与之谈话或奉上赞美。永远不要忘记，无论是赞美、恭维还是拍马屁，你的前提一定是以真诚为基础，要知道，虚伪的话最容易被人识破。

幽默，让生气的人笑着熄火

幽默的语言往往给人以诙谐的感觉，使人在笑意中有所领悟。幽默是缓解紧张、祛除畏惧、平息愤怒的最好方法。

一位可怜的、严肃的省议员觉得受到了别人的侮辱，他怒气冲天，迫不及待地想报复，但一时又找不到什么方法。结果，他的行为举止好像一个小学生一样幼稚：小学生往往会去找老师告状，要求老师去惩罚他的敌人，这个议员则是去主席那里申诉。

这位议员来到省议会主席柯立芝身边，他相信柯立芝一定会替他当场主持公道的。但是，柯立芝却以一种非常幽默的方式把这件事解决了。

这位议员的纠纷以及柯立芝的解决办法是这样的。

当另一位议员在做一个很冗长的演讲时，这位议员觉得对方占用的时间太长，就走到对方跟前低声说："先生，你能不能快点……"话未说完，那位正在演讲的议员便回过头来，用严厉的口气低声呵斥他道："你最好出去。"然后仍旧继续演讲。

于是，这位受了委屈的议员走到柯立芝面前说："柯立芝先生，你听见那个家伙刚刚对我说的话了吗？"

"听见了，"柯立芝不动声色地答着，"但是，我已经看过了有关的法律条文，你不必出去。"

这一回答实在是太聪明了。柯立芝把那位议员的愤怒当成了玩笑，而并没有让自己卷入这种儿童式争吵的漩涡中去。如果柯立芝对于争吵也采取一种较真的态度，那对于大家又有什么好处呢？无非是更加激化双方的矛盾。由于采取了一种幽默的语言和宽容的态度，柯立芝大大缓解了那种伤感情的纠纷，从而制止了进一步的争论。

在把事情弄得很紧张、很严重之前，能从这种白热化的僵局中看出其中所包含的幽默成分，就可巧妙地避免麻烦和纠纷，学会这一点对于女性朋友来说十分必要。因为在平时，经常会有闺蜜、亲戚甚至同事跟你抱怨发生在她们身上的不愉快的事，这时候如果你顺着对方一起抱怨那些无聊的鸡毛蒜皮的事情，暂且不说对方向你倾倒完苦水后是否能够心情舒畅，你自己在无意识中接受了那么多负面信息，对你的情绪肯定是有影响的。所以，会用幽默的话语巧妙地逗对方一笑，不仅自己不用听那些没完没了的抱怨，也能让对方坦然释怀，岂不是两全其美。

在上海浦东召开的一个活动现场，某位明星迟到20多分钟仍没有任何消息，台下观众很是生气。主持人董卿多次上台解释，但台下的观众还是怒气难平，很不耐烦地说："董卿，你唱一个吧。"听了这话，董卿立刻非常幽默地回答道："不行的，主持人是说得比唱得要好听。如果今天我唱了，明天各大报纸会说董卿说不好，只能现场卖唱了。"台下观众露出了会心的笑容。

作为一个有经验的主持人，董卿发挥了她的幽默长项，用一句玩笑话稳住了观众的情绪，分散了观众的注意力，有效地消除了突发情况给观众带来的负面影响，平息了他们的怒气。

　　无论是草根人物还是拥有雄才大略的伟人，难免会有动怒的时候，而一旦动怒，无论程度如何，都会让人措手不及，陷入尴尬。如果不能及时、巧妙地化解，必将留下遗憾，在人际交往中会留下不好的印象，甚至会影响双方的感情。

　　作为一个普通女人，即使你没有专业主持人那么能说会道和随机应变，但也应该做到冷静处理问题，用幽默的巧劲儿平息他人的怒气，让对方反怒为笑。这不仅可以及时化解尴尬、减少人际交往中的不愉快，还能更好地维护双方的友好关系。同时，在他人看来，你能用幽默平息他人怒气，一定是个有智慧、有包容的女人，周围的人也一定非常愿意和你成为朋友。

女人会说话的最高境界是懂得倾听

　　《福星》杂志曾刊出了一篇对公司员工的妻子所做的调查报告。他们引述一位心理学家的话说："一个男人的妻子所能做的一件最重要的事情，就是让她的先生把他在办公室里无法发泄的苦恼都说给她听。"能够尽到这个职责的妻子，被赋予了"安定剂""防哭墙""共鸣器"和"加油站"等称号。这个调查报告同时也指出，男人需要的是主动、机敏的倾听，而不是什么劝告。

　　任何一个曾经在外面工作过的女人都可以了解到，如果家里有个人可以让她谈谈这一天所发生的事情，不管是好是坏，都是很令人欣慰的。因为在办公室里，常常没有机会对所发生的事情发表意见。如果事情进展得特别顺利，我们也不能在那儿开怀高歌；而如果碰到了困难，最好的同事也不愿意听那些麻烦事，因为他们已经有够多的烦恼了。于是，当辛苦工作了一天后回到家里时，人们往往会有一种一吐为快的迫切心情。

　　而事实上，最常发生的情形却往往是这样的：

　　丈夫回到家，上气不接下气地说道："老天！亲爱的，今天真是个值得庆祝的日子！我被叫进董事会里，汇报有关我所做的那份区域报告。他们还想听我的，而且……"

"真的吗？"妻子心不在焉地说着，一点也不用心的样子，"那真好。亲爱的，快来！吃点我刚做的酱牛肉吧！对了，我有没有告诉过你，早上我找人来修下水道了？那人说有些地方应该换新的了。你吃过饭后去看一下好吗？"

"当然好，宝贝。噢，就像我刚才说的，董事会听取了我的建议。说真的，起初我真有一点紧张，但是我终于发觉我引起他们的注意了……"

妻子插话道："我常认为他们不了解你、不重视你。哎，对了，你必须和儿子聊一聊他的学习问题，这学期他的成绩实在糟糕透顶。他的班主任说，如果儿子肯用功的话，一定可以念得更好的。对于他的学习问题，我现在真的无计可施了。"

到了这时候，丈夫才发觉他在这场争夺发言权的战争中已经彻底失败了。于是，他只好无奈地把他的得意和酱牛肉一起吞到肚子里，然后解决有关下水道和儿子教育的问题。

难道他的妻子真的如此自私，只在乎自己的问题吗？当然不是，其实，她和丈夫一样，也想找个听众倾诉一番，只不过她把自己倾诉的时间搞错了。其实，她只要耐心地听完丈夫在董事会上出风头的事，等他把自己兴奋的情绪发泄完了以后，就可以跟丈夫大谈家庭琐事了。

学会倾听并不是一件难事。善于倾听的女人，能够给自己的丈夫以最大的安慰。她能在适当的时候沉默不言，静静聆听，又

能在合适的时间提出问题，给丈夫鼓励、启发。这种女人不仅能在她自己的朋友群里获得成功，而且也能在她先生那里得到赞赏。所以，只有善于倾听的女人才能给丈夫最需要的力量。

第二章 一开口就让人
觉得你是个可
人儿

初次见面，说好第一句话

　　初次见面的第一句话，会给对方留下深刻印象。很多女性过于腼腆，不知道该从何说起，于是谈话总是遭遇冷场，交不到朋友，自己也很郁闷。那么，在与陌生人的初次见面中，应该如何打开对方的话匣子，使谈话自然而然地进行下去呢？

　　与陌生人打交道，谁都会存有一定的戒心，这是初次交往的一种障碍。而初次交往的成败，关键要看如何冲破这道障碍。漂亮的女人可以用外表吸引众人目光，让人愿意主动与之攀谈。但相貌平平的女性就要想好如何说好第一句话来引起对方的兴趣，让双方在说完第一句话之后都还有继续聊下去的意愿。

　　比如，在一个严冬的夜晚，你与一位陌生人见面，"今晚好冷"这句话自然会成为你们之间所使用的开场白。只这一句话，虽然也能引出一些话来，但这些话也可能对彼此无关紧要，这样，想再进一步交谈就困难了。但是，如果你这样说："哦，今晚好冷！像我这种从小在南方长大的女生，尽管在这里住了几年，但对这种天气还是难以适应。"那么要是对方也是在南方长大的，就会引起共鸣，会接着你的话头聊一些有关的事。比如，气候方面南方潮湿而北方干燥，如果对方也是女生那么还可以聊一下气候对皮肤的影响等。要是对方是在北方长大的，他知道你是南方人，那么可能会出于好奇而对你的一些情况产生兴趣。比如，让你说几句有趣的方言，聊一下南方的美食等。这样，就可以把交谈引向深入。而且把自我介绍与谈话有机地结合，也不致令人觉得牵强、不自在。人们在不知不觉之中，就放弃了刚开始的戒备心理，而产生了亲切感，聊天自然就容易继续下去了。

说第一句话的原则是：拉近距离，消除陌生感。总结起来常见的有这么三种方式：

◎攀认式

赤壁之战中，鲁肃见诸葛亮的第一句话是："我，子瑜友也。"子瑜，就是诸葛亮的哥哥诸葛瑾，他是鲁肃的挚友。短短的一句话就定下了鲁肃跟诸葛亮之间的交情。其实，任何两个人，只要彼此留意，就不难发现双方有着这样或那样的"亲""友"关系。

例如，"你是××大学毕业生，我曾在那里进修过两年。说起来，我们还是校友呢！""您来自苏州，我出生在无锡，两地近在咫尺，今天得遇同乡，令人欣慰！"

◎敬慕式

对初次见面者表示敬重、仰慕，这是热情有礼的表现。用这种方式必须注意要掌握分寸，恰到好处，不能胡乱吹捧，不要说"久闻大名，如雷贯耳"之类的过头话。表示敬慕的内容也应该因时因地因人而异。

例如，"您的大作我读过多遍，受益匪浅。想不到今天竟能在这里一睹作者风采！""桂林山水甲天下，我很高兴能在这里见到您这位著名的山水画家！"

◎问候式

"您好"是向对方问候致意的常用语。如果能够因对象、时间的不同而使用不同的问候语，效果则更好。对德高望重的长者，宜说"您老人家好"，以示敬意；对年龄比自己稍长几岁的人可以称"王姐、李哥，您好"，显得亲切；对方是医生、教师，说"李医生，您好""王老师，您好"，含尊重之意；节日期间，说"节日好""新年好"，给人以祝贺之感；早晨说"您早""早上好"则比"您好"更得体。

总之，与陌生人第一次见面时，女人可以用自己亲和、温柔、善解人意等特点，说好第一句话，"秒杀"一片，迅速缓解紧张的气氛，拉近彼此的距离，让谈话顺利进行下去。

叫出对方的名字，
让他听到你的情意

　　卡耐基曾讲到"如何使人喜欢你"这个话题，他列出的原则之一就是："记住一个人的姓名，把它当作最甜蜜、最重要的声音。"记住对方的名字，而且很轻易就叫出来，等于给予别人一个巧妙而有效的赞美。有些人总说"我就是记不住别人的名字啊"，其实他们不是记不住，只是觉得这事没那么重要。如果他们把记名字这件事看得跟记着别人借了自己多少钱那么重要，就不可能记不住。

　　人对自己的姓名最感兴趣。把一个人的姓名记全，很自然地叫出来，这是一种最简单、最直接、最能获得他人好感的方法。因为一个人从出生到去世，名字就一直和他缠在一起，这是区别于他人的重要标志。叫响一个人的名字，这对于他来说，是所有语言中最动听的声音，也是能给他留下深刻印象的简单方法。

　　任何人都渴望被他人尊重，而记住别人的名字，则会给人受尊重的感觉。因此，在交往中，女人要用心记住别人的名字，让人感受到你的尊重，这样就很容易让对方对你产生好感。记住一个人的名字，是尊重他人，也是塑造个人魅力的重要一步。

两个多年未见的朋友在街头邂逅，一方若能够瞬间叫出对方的名字，必能使对方兴奋不已；即使只有一面之交的人，再次偶然相遇，如果你清楚地喊出对方的名字，那你在他心目中就一定不是可有可无的人了。

为了能准确叫出别人的名字，在美国总统的专业幕僚群中，有一位幕僚的工作内容就是，专门替总统记住每一个人的名字，然后每当总统在跟某人打招呼之前，这位专责幕僚就会先一步提醒总统此人的名字。而那位被总统叫得出名字的人，也会因总统竟然会记得他而雀跃不已，进而更坚定对总统的支持。

一位政治家所要学习的第一课是："记住选民的名字就是政治才能，记不住就是心不在焉。"无论你是与什么样的人打交道，只要你能记住对方的名字，说出对方的名字，就首先赢得了对方的好感和尊重，为你们之后的交往打下了一个好的基础。

有的女人在与不太熟的人交往时，会牢记这一原则，说出对方的名字，以免失礼于人；但是在对待自己身边的人时，则采取比较随便的态度，觉得不说对方的名字也没有什么关系，反正大家都那么熟了。比如找朋友帮忙时，开口就是"喂，你有空吗，我需要找人帮我搬家"，要不就是"那个，帮我带个饭吧"。好像她根本不知道朋友有名字似的。其实，越是亲近的人越应该彼此尊重，在小事上多用一点儿心，你们的友谊就会更深厚。

汪涵就是一个经常会把自己的好友名字挂在嘴边的人，像巫启贤、欧弟、何炅等好朋友的名字都会经常出现在他的话语中，这让大家感觉汪涵很重情重义。相信，那些被提到的人也能体会到他的真情实意。所以，看汪涵的节目时会感觉到温暖，那种温暖不是因节目需要进行的刻意煽情，而是自然而然流露出的人性温情。

有一次，汪涵在做访谈的时候，回忆自己刚起步的日子。那时候，他还在湖南卫视做场工，属于默默无闻"抬桌子"的打杂工，还不是后来光芒四射的"台柱子"。汪涵说道："当时兴给参加节目的观众送礼品，什么都有，面条、油、卤蛋粉、皮蛋粉……甚至水龙头。最多的时候，演播厅200个座位，每个座位上都要放一个装了50样礼品的袋子。我一个人就在里面分那些东西，每个袋子里面放50样，等每个座位上都放好以后呢，我就要跟毛毛一样暖场——毛毛是我特别好的朋友，我见到他特别高兴——然后我就暖场，跟大家说……"只见镜头切给了现场导演毛毛，毛毛笑眯眯地望着台上讲故事的朋友，羞涩地抿抿嘴。

这个过程从容自然，毫不做作。汪涵只是在聊天，他自然而然地想到了自己的朋友并说起他，让朋友心中充满了温暖。每次说起汪涵，无论是同事、领导还是普通厂工，大家最普遍的认同就是"这人不错"。当然，这首先就是因为汪涵懂得尊重他人，懂得随口叫出别人的名字。

在谈话技巧中，很著名的一条便是"大声叫出一个人的名字"。如果内向的你不擅长和人交往，又或者刚进入一家新公司，对周围环境还不熟悉，那么就牢牢记住你身边人的名字吧。像汪涵一样，在见面的时候或者谈起什么事情的时候，能够脱口说出对方的名字。虽然你没有为这个人做什么特别的事情，他依

然会因此而对你产生好感。

　　刻意记住别人的名字，并且见面打招呼时喊出对方的名字，一方面体现了你的礼貌，另一方面可以让别人觉得你很重视他从而能够获得对方的好感。这只是一个细节，一个生活中的细节，而生活就是由各种细节堆砌起来的，做好每一个细节，优雅女人的气质自然就修炼出来了。

　　尊重别人，就从记住对方的名字开始吧。

从对方感兴趣的话题聊起，轻松赢得对方的好感

谈话是双向过程，一旦某一方对所谈话题没有兴趣，就会消极地参与对话，敷衍了事或者沉默不语。出现这样的情况时，交谈气氛自然就会很尴尬。所以，会聊天的女人在开始交谈时就要想好话题，要考虑对方的兴趣，而不是洋洋洒洒地只顾谈论自己想说的话题。

著名主持人蔡康永曾经说过："聊天的时候，每个人都想聊自己。"因此，先找一些对方感兴趣的话题来聊，把气氛带动起来，让对方觉得你很理解他，愿意听他倾诉，那么他的话匣子就打开了，双方也就不会因没得聊而无比尴尬了。

美国耶鲁大学威廉·费尔浦斯教授是位有名的散文家，他在散文《人类的天性》中写道：

我在8岁的时候，有一次到莉比姑妈家过周末。傍晚时分，有个中年人慕名来访，但姑妈好像对他很冷淡。他跟姑妈寒暄了一阵之后，便把注意力转向了我。当时，我正在玩模型船，而且玩得很专注。他看出我对船只很感兴趣，便滔滔不绝地讲了

许多有关船只的事，而且讲得十分生动有趣。等他离开之后，我仍意犹未尽，一直向姑妈提起他。姑妈告诉我说他是一位律师，根本不可能对船只感兴趣。但是，"他为什么一直跟我谈船只的事呢？"我问道。"因为他是个有风度的绅士，看你对船只感兴趣，为了让你高兴并赢取你的好感，所以他当然要这么说了。"

可见，谈论别人感兴趣的话题能够很容易给人留下好印象。所以，女人聊天时不要总是说"我昨天……""我本来想……"你要试着把自己放在对方的位置上考虑一下，毕竟没人愿意专注地听别人聊他自己那些鸡毛蒜皮的事。所以，你要学会把话题丢给对方，让对方也能畅所欲言，这才是讨人喜欢的聊天模式。

周爽是个性格爽朗的年轻女孩，而且也是一位足球爱好者。有一次在去广州的火车上，她的同座是个小伙子，闲来无事，便和他聊了起来。得知他是辽宁人，周爽便赞美起辽宁人的豪爽、够朋友，说自己有好几位辽宁籍的朋友，都特爽快。听了这话，小伙子自然高兴，于是自报家门，说他叫李庆，是大连人。得知对方是大连人后，周爽想到了大连足球队，心想对方是男生说不定也对足球感兴趣，这样一路上就有的聊了。于是，周爽话锋一转，说辽宁人也很团结，特别是大连足球队，虽然每位队员都不是非常出色，但他们团结一致，奋力拼搏，经常取得好的成绩。而李庆真如周爽所想也是个球迷，所以两人一路上侃得天昏地暗，下车后还互留了通讯地址。在李庆的介绍下，周爽认识了很多球迷，结交了许多朋友。

在与李庆交谈时，周爽先是从辽宁人这个话题入手，然后巧妙地转到足球这个两人都感兴趣的话题上，从而与对方越谈越投缘。经过一番神侃之后，两人很快便加深了对彼此的了解，成了好朋友。

两个人刚见面时，不知道对方的性格、爱好、品性如何，所以往往会陷入难熬的沉默与尴尬之中。这时女人可以试探性地聊一些大众性的话题，比如老家是哪里，做什么工作；等找到了对方的兴趣所在，就可以以此作为共同的话题深入聊下去，从而拉近彼此的距离。

卡耐基的朋友查利夫是一位在童子军中极为活跃的人物，他曾经给卡耐基写过一封信。信的内容如下：

欧洲即将举行童子军露营活动，我想请美国一家大公司的经理资助我的一个童子军的旅费。在我去见这人以前，我刚好听说他曾开了一张百万美元的支票，而这张支票退回之后，他把它置于镜框之中。所以，我走进他办公室所做的第一件事就是，谈论那张支票——一张百万美元的支票！我告诉他，我从未听说有人开过这样的一张支票，我还要告诉我的童子军，我的确看见过一张百万美元的支票。他很欣喜地向我出示那张支票。我表示羡慕，并请他告诉我其中的经过。

结果，经理不但答应了我的请求，并且比我要求的还多得多。我只请他资助一个童子军赴欧洲，但他竟资助了五个童子军，并让我们在欧洲住一个星期。并且，他还给我写了一封介绍信，把我介绍给了欧洲分公司的经理，让他帮忙在巴黎接待我们。之后，经理又给那些家境贫苦的童子军提供了一些工作机

会，而且现在他仍在我们的团体中活跃地工作着。

"如果我不曾找出他所感兴趣的事，使他先高兴起来，那么我想接近他是多么不容易啊！"查利夫最后总结道。见面之后，查利夫并没有谈论童子军露营活动的旅费问题，他谈论的是对方所感兴趣的事情。双方兴致勃勃地展开了谈话，最终，查利夫收获到了比预期多得多的果实。

谈论别人感兴趣的话题不仅能够营造自然融洽的交流氛围，还能够很容易地拉近人与人之间的距离。会聊天的女人，善于从对方的谈话中发现其兴趣所在，适当地迎合对方。如果发现对方对自己提出的话题不了解或者不感兴趣，那么就要及时转换话题，而不要自己想说什么就说什么。

请记住一点：每个人都喜欢谈论自己感兴趣的事，而不是别人感兴趣的事。只要能够抓住对方的兴趣点，那么谈话很快就会热络起来。

称呼错了，
后面的话再精彩也说不出口

　　说话办事，首先涉及的问题就是如何称呼别人。有礼貌地称呼别人，是说话办事顺利进行的第一步。如果称呼不当，轻则造成尴尬，重则引起别人的反感和愤怒，导致交流不畅甚至中断。懂得恰当称呼别人的女人，才会让人喜欢，说话办事也会更加顺利。

　　王女士平时很注意美容保养，可毕竟岁月不饶人，这两年脸上的皱纹越来越多，还长了不少老年斑。为此，王女士时常对着镜子发愁，哀叹自己青春不再。

　　一天，王女士去菜市场买菜，一个年轻姑娘热情地招呼道："阿姨，我们家的菜可新鲜了，看看您需要点什么？"没想到王女士的脸色突然就变了，没搭理那个姑娘径直走了。这位姑娘感到很纳闷，不明白是怎么回事。旁边的人悄悄对姑娘说："她不喜欢别人叫她'阿姨'，你叫她'大姐'，她就对你热情了。"

　　原来，这位王女士最怕的就是别人提到她的年纪，虽然年纪

大了，却不喜欢别人叫她"阿姨"。卖菜的姑娘不小心触到了她的痛处，她家的菜自然推销不出去了。

可见，恰当地称呼别人也是一门艺术。会说话的女人在称呼别人时总是谨慎小心，会综合考虑对方的年龄、身份等多种因素，这样说话办事才不至于吃闭门羹。要做到恰当地称呼别人，主要需要注意以下几个方面：

◎**参考对方的年龄**

一般场合下，人们都会依据年龄来称呼别人，这是最常用也是最方便的办法，通常情况下不会出错。但俗话说，"逢人短命，遇货添钱。"即：和别人聊天时，在不知道对方年龄的情况下，要将对方的真实年龄往年轻处说少三五岁；在看见别人买了东西时，要尽量把东西往价高处说，明明值两百元的说成三百元，这样一来，既肯定了对方的购物眼光，也称赞了对方购买时少花了冤枉钱。实际上，这就是一种处世方式。

许多人都不喜欢别人称呼他"老×"，尤其是女性，对年龄非常敏感，能叫"大姐"的就别叫"阿姨"，能叫"阿姨"的就别叫"奶奶"。

◎**参考彼此的关系远近**

人与人之间的关系有远有近，在称呼的时候也应有所区别。明明是普通朋友却用非常亲昵的称呼，难免让人误会，认为你故意套近乎；相反，如果是比较亲近的关系却用了非常客套的语言来称呼，就会让人感觉十分见外。朋友之间，恰当地使用一些有趣的昵称将有助于增进感情。有的昵称则不是所有人都能用的，只有家人或其他关系密切的人才能用，这种特定的昵称也是表达亲密关系的一种方式。

◎参考对方的身份、职业

不同身份、不同职业的人有不同的语言习惯，在称呼别人时要注意符合对方的习惯，这样才有助于沟通。例如，在农村遇到老大爷，如果称呼对方"老先生"，恐怕没有人会知道你在叫他；而如果对有身份地位的年长男士称呼"大叔""大爷"，恐怕他也不会愿意跟你说话，应该配合其职业称呼"王老师"等。

◎参考当地的语言习惯

不同地区对于相同对象的称呼可能不同，如果不加留意，很可能就会闹出笑话。例如，一些地方把儿子的老婆称为"媳妇"，而有的地方则称为"儿媳妇"，"媳妇"则专指自己的老婆，一字之差就意味着不同的家庭关系。再如，中国人经常把配偶称为"爱人"，在外国人的意识里，"爱人"则是"第三者"的意思。

想要成为人见人爱的可人儿，在说话办事时就一定要注意恰当地称呼别人，这样才能树立一个懂礼、嘴甜的好形象，赢得别人的好感，使得交流能够顺利进行。

公开场合，只要你敢说就有人鼓掌

　　当众开口讲话，大多数女性都会产生畏惧心理，这是人之常情。畏惧心理是影响人的说话效果的主要因素之一。我们常常会听到类似这样的话："我一上场脑子突然一下子空白了，之前准备的词忘得一干二净，什么也想不起来。""我太紧张了，说话语无伦次，我自己都听得出我的声音在抖。"

　　是什么使得这些恐惧落在我们的身上？在日常生活中，每个女人都想获得尊重，招人喜爱，提高自身的影响力。正是出于对这几方面的热切追求，女人在公众场合说话之前就会在不知不觉间产生了紧张感。

　　概括起来，这种紧张感的出现主要源于以下两种心理因素：

◎ 怕出丑

　　抱有这一观点的女人往往会觉得，一旦在众人面前说话，自己的肤浅、没见识就都暴露出来了，那么从此以后，哪还有自己的立足之地呢？所以，不说话或少说话更稳妥。她们太想做个有思想、有内涵的完美女人了，总担心说错话会暴露自己的缺点，那么她们的保护膜就破了，就不再具有迷人的魅力了。

　　实则不然。如果一个人尽量不暴露自己的短处，相对的，其长处也就无法凸显出来，而长处才是一个人强大气场的支撑。其实只要你相信自己，把该说的话说到位，情况就不会太差。

◎没自信

这种情况比较常见，可能是性格方面的原因，比如有的女人性格内向，说话低声细语，见到生人就脸红；还有的人是因为家长教育不当，儿童时期家长不注意引导，孩子见到生人或到了陌生的地方，便习惯性地害羞、躲避，等到长大之后，便羞于与人接触，更羞于在公开场合讲话。

害怕当众讲话，没有谁会是特例。当人们出现恐惧情绪的时候，无论谁都会表现出局促不安的神态，但是聪明的人知道如何迅速地调整自己的状态，让自己的气场不再萎缩。所以，要不断地尝试在公众场合说话，这样才能扼住恐惧的喉咙。只要你敢说，就有人鼓掌。

要想成为会说话的气场女王，可以尝试以下做法：

◎克服当众怕羞的心理

对此，卡耐基的意见是："你要假设听众都欠你的钱，正要求你多宽限几天；你是神气的债主，根本不用怕他们。"所以，树立自信是克服畏惧心理的第一步。同时，自信也是树立自身强大气场的基石。

◎专心倾听别人的讲话

在轮到你讲话之前，先专心听别人怎么讲。这样做不仅可以缓解你过于紧张的情绪，而且还能表达出对说话者的尊重。

◎给自己积极的心理暗示

与其对自己说"我感到很紧张，可千万别出丑"，不如说"我感到很兴奋，到我释放语言魅力的时候了"。确信一个事

实：其实在别人的心目中，你并不像你想象的那样害羞。

◎ **准备一些小技巧帮自己应对紧张**

掌握害怕的根源并且知道害怕时会有的生理反应，如冒冷汗或呼吸急促，当它们出现时你就可以通过一些小技巧来克服它，比如用深呼吸来平复心情。

◎ **说话时语气要坚定，给自己增加信心**

没有自信的女人都有说话过于急促、细声细气的毛病。说话的诀窍在于音量适中、语调平稳，速度不缓不急，此举显示你对所说的内容信心十足，利用呼吸换气时断句，内容会显得流畅、有条理，切忌以疑问口气结束陈述事实的语句，以免影响语气的坚定。

◎ **平时要抓住机会多多锻炼口才和胆量**

只要是不会让你感到紧张的场合，你都可以练习，甚至你可以选择一块石头作为听众。多找你不认识的人谈话，例如在超市买完东西排队结账时，与旁边的人谈论手中的商品，这可以增加你的胆量和技巧，又不至于在人前出丑。

另外，我们还可以效仿名人的谈吐方式，可以学习他们当众发言的风格。虽然名人的话语气场并不能复制，但是我们还是可以从中得到一些小技巧为我所用，来不断壮大自己的话语气场。

女人的魅力不是靠遮羞来维持，而是通过为人处事大方得体来体现。所以，与其扭扭捏捏地不敢表现，不如爽快地接受邀请，即使出丑也能坦率地一笑而过。这样的女人才是让人看着舒服，浑身透着自然、率真气质的女神。

偶尔换换位，说话才到位

美国汽车大王福特曾说："如果成功有捷径可以走，那么站在对方的立场上思考问题，是一条最近的道路。"当我们和别人商谈事情时，我们习惯将自己的想法和意见强加给对方，只考虑这样做对自己有什么帮助，而不管是否能给他人带来好处，这种说话方式其实是有碍沟通的。

女人在说话办事时，如果只从自己的角度出发，无论发表什么意见都是"我认为……""我想……"那么就很难引起对方的兴趣，甚至对方会反问你"这与我有什么关系？"所以，当你希望说服对方配合你完成某事时，首先应该从对方的角度出发，提出对他有利的条件，这样才能让对方有意愿跟你合作。

比如，如果你是保险公司的业务人员，在开展业务时，要是对方表示对保险的事不感兴趣，你不应该说"你的观念怎么这么落伍"或者"很多人都买保险了，不买就跟不上潮流了"之类的话，而是应该从保险能够为对方带来的利益出发，尽数保险的好处，还可以列举一些成功保单的例子，这样才有可能达到说服对方的目的。

站在对方的立场考虑问题，你会发现，你跟他有了共同语

言，他的所思所想、所喜所恶都变得可以理解。在人际交往中，善于站在对方的立场考虑，你就能从容应对各种状况，要么伸出善意的援手，要么防范对方的恶招。

许多人不懂得如何站在对方立场上思考和说话，这是导致他们做很多事情都不成功的一大原因。劝说别人时，站在对方的立场上考虑，说出的话才能让别人听着顺耳，觉得舒服。如此，不仅能使他人快乐，也能使自己快乐。

在《鲁豫有约》"双面赵薇"的那期节目中，鲁豫对赵薇说："在你已经很红的时候，可能你还没有完全准备好怎么去应付一些娱乐记者。现在回过头来看当初，你有没有觉得自己有时候很傻，就是接受记者访问时说了一些不该说的话。"

鲁豫本身也是媒介中的一分子，媒体记者和她是在一个阵营中的，而鲁豫却站到了明星的立场上来分析当年的事情。她的提问是在为赵薇鸣不平，也是在质问媒体。接着，鲁豫又说道："可能被一些事情伤害，或者说被咬了一口之后，就知道怎么保护自己了。"

鲁豫："为此偷偷地掉过眼泪吗？……你现在和媒体保持着什么样的一种关系？"

赵薇："演员是需要媒体宣传的，但是有时候也会有一些媒体的报道会影响到自己。现在就是，我有工作要宣传我就出来宣传，但是我绝对不会主动去炒作什么东西，而且我绝对不会说我的私生活，我要给媒体说的都是我工作上的东西，关于我的私生活我是一概不讲的。"

因为鲁豫的善解人意，主动站到嘉宾的立场上考虑问题，所以嘉宾自然会很好地配合，真诚地回答鲁豫的提问。如果鲁豫没有站在对方立场上说话，这种敏感的问题，嘉宾可能就不会正面回答，而是敷衍过去。可以说，正是鲁豫的善解人意，成功说服了对方。

善解人意、为他人着想其实是女人本性中就具有的一项品质，但是在纷繁复杂的生活中，这一品质不是被抛弃了就是被误用了。比如，许多女性为了保护自己，往往会过多地考虑自身利益而忽视甚至侵犯他人的权益，这样不仅得不到他人真心实意的帮助，更可悲的是还导致自己成为了孤家寡人。而另一种情况就是，女人的母性大发，总觉得自己的做法、意见是最好的，所以习惯将自己的想法强加给别人。虽然这样做的出发点是好的，是为了帮助别人解决某些问题，但却因为始终没有站在对方的立场上考虑，最后不仅没帮上别人反而给自己惹了一肚子怨气。

也许你会质疑：站在对方的立场考虑问题，说起来容易，但实际做的时候却很难。没错，站在对方立场来说话确实不容易，但却不是不可能。许多口才不错的人都能做到这一点。当然，他们也并非一开始就能做得很好，而是从一次次说服的过程中汲取经验、吸取教训，不断培养自己养成这种思维习惯，最后才达到这样的境界。因此，有决心的女人，只要你愿意，这并不是一件太难的事。

声情并茂，
把每一句话都说得"楚楚动人"

　　女人的声音本来就柔和动听，如果自己再有意识地控制语调，抑扬顿挫恰到好处，吐字发音清晰准确，关键时刻再加点儿撒娇口气，那么说出来的话定会非常富有感染力，从而产生强大的语言力量。

　　波兰有位明星，人们都称她为摩契斯卡夫人。一次她到美国演出时，有位观众请求她用波兰语讲台词。于是她站起来，开始用流畅的波兰语念出台词。观众们虽然不了解她台词中的意义，却觉得听起来令人非常愉快。

　　摩契斯卡夫人念到后面，语调渐渐变得低沉，最后在慷慨激昂、悲怆万分时戛然而止。台下的观众鸦雀无声，同她一起沉浸在悲伤之中。而这时，台下隐隐传来一个男人的低笑声，他就是摩契斯卡夫人的丈夫——摩契斯卡伯爵，他笑是因为他的夫人刚刚用波兰语念的是九九乘法表！

　　从这个故事中我们可以看到，抑扬顿挫的语调竟然有如此不可思议的魅力。即使不明白其意义，也可以使人感动，影响他人的情绪。因此，学会运用语调，对于提高语言表达能力是十分重要的。

在人们千变万化的表情中，微笑最具礼仪功能和表现力。微笑是一种国际礼仪，能充分体现一个人的热情、友好。在现实生活中，没有人会轻易拒绝笑脸，微笑在人际交往中最具神奇魔力。贝格特说："面带笑容你就会快乐，会使你到处都受到欢迎。"爱笑的女人即使容貌没那么出众，那明亮的微笑也会给人留下美好的印象，关键时刻说不定正是你的微笑助你一臂之力。

声情并茂，可以说是一个人的最佳表达状态，懂得控制自己的音量并配以恰当的面部表情和身体语言的社交高手总能在表达的时候让人感到愉悦、自然。

在人际交往中，做到声情并茂应注意以下几点：

◎**角色意识**

处于不同年龄阶段或身份地位的人，他们的心理是不同的。因此，你在运用表情和动作时要讲究点"角色意识"，要针对对方的身份特点而采取相应的方式。例如，女下属与男上司谈话，要采取温和有礼的态度，而不应过于热情或举止轻浮造成对方的误解甚至反感；而面对长辈，年轻人要把该有的谦虚态度表现出来，让他们感到受敬重。

◎**言为心声**

交谈时的声、情应该是心中一腔真诚在语言上的自然流露。要做到声情并茂，就不能含混不清、嘟嘟哝哝。而且交谈时，眼睛要看着对方，脸上应有诚恳、生动的表情，并配以恰当的手势动作，让对方能够感受到你的尊重。

◎注意场合

如果与他人单独在一起时，对其表示友好，声情并茂一般会有好效果，也不会使对方难堪；但如果是特别严肃郑重的场面，还是不要太过于开放为好。同时，还要注意双方的关系。例如，双方是一般熟人或同事关系，可以运用一些简单大方的表情和动作；如果双方是很要好的朋友，夸张一点也无妨。

要记住，与别人交往时，"感激之情要溢于言表"，一个真诚的眼神，一个源自内心的微笑，一个辅助表达的手势，一定会赢得别人的心。此外，声情并茂最重要的是要端正自己的态度，交流时最好专注地看着对方，这样你说的话、你的表情、你的动作才显得是出于真心的，你的感情才显得真挚，说出来的话才能感动对方。

第三章 女人说话要像
做衣服，
得讲究尺寸

给他人留余地，就是给自己攒人品

女人之间经常发生各种小矛盾，矛盾发生后，双方心里肯定都不痛快，因此很容易失态，口出恶言，把话说绝。双方又都很在乎面子，谁都不肯先妥协，因此痛快只能是一时的，而受伤害的是双方的感情和自己的人际关系。所以，即使对他人有不满，也要温和地表达出来，不带情绪地就事论事是解决不满的最好方法。

刘丽是个自尊心很强的女孩，但她却跟几位"没教养"的人成为了同事。这些人举止随便，嘻嘻哈哈，刘丽很看不惯他们的行为。

一次，外面正下着雨，一位女同事想出去办点事，拎起刘丽的伞就走。刘丽心想："怎么不打声招呼就拿人家的东西用，太欺负人了！"

她勉强忍住怒气说："你好像拿错了伞吧？"

女同事大大咧咧地回答："我忘了带伞，只好借你的用一下。"

"你好像没跟我说'借'字。"刘丽气愤地说。

"哎哟，还用得着说'借'字吗？我的东西还不是大家想用就用！"

刘丽冷冷地说："用我的东西就得说'借'，我不同意，谁也不准拿！"

没想到，这件小事使刘丽的处境发生了很大的改变，那几位"没教养"的同事再也不愿意理她，不知情的领导经常提醒她注意搞好同事关系，根本不听她的解释。

刘丽常常愤愤不平地想："我只不过是为了维护自己的权利，难道这也错了吗？"

俗话说得好："忍一时风平浪静，退一步海阔天空。"与人发生矛盾，心里确实很窝火，但是当你想要恶言相向、以牙还牙时，有没有想过日后怎么与对方相处，毕竟大家是同事，抬头不见低头见，把关系搞僵了，受影响的只能是自己。

有的人会说："发生矛盾，我就打算和他绝交了，把话说绝了又怎么样。"真是这样吗？要知道，暂时的不联系并不等于绝交，友好分手还会为日后可能出现的和好埋下伏笔。有时朋友间绝交并非是因为彼此感情彻底泯灭，而是因一时误会造成的。如果大家采取友好分手的方式，不把话说绝，那么，有朝一日误会解除了，友谊的种子还有可能重新开出绚丽的花朵。

17世纪初，丹麦天文学家第谷·布拉赫和德国的约翰尼斯·开普勒共同研究天文学，两个人因此建立了亲密的友谊。后来，由于开普勒误听妻子的挑唆，丢下研究课题，离开了第谷。然而第谷并没有因此而指责开普勒，还抱着诚恳的态度给开普勒

写信进行解释。不久，开普勒终于明白是自己误会了第谷，十分惭愧，于是写信向第谷道歉，并回到已病重的第谷身边。两个人解除了误会，再度合作，终于出版了《鲁道夫星表》，他们的名字也得以载入科学史册。

第谷与开普勒之所以能恢复友谊并再度合作，与当时第谷的宽容和理性分不开。试想，如果当时第谷对开普勒这种不负责任的行为大加指责，那么就算后来开普勒知道自己误会了第谷，他们是否还能像之前那样密切合作？不把话说绝是一种交际美德，也是维护友谊必须坚守的原则。

很多女人不明白这个道理，一和别人发生矛盾便斤斤计较，谩骂指责，把话说得很绝。这样做痛快倒是痛快了，但她们没想到，在把别人骂得狗血淋头的同时，也暴露了自己人格上的缺陷。聪明的女人在与人发生矛盾后，即使心中有再大的怒气和委屈，也不会把事做绝、把话说绝。解决矛盾而不是发泄怒气，这是成熟女人该有的逻辑思维。

说错话了，别磨叽，道歉补救

"人非圣贤，孰能无过。"犯错对每个人来说很正常，只要知错能改就可以被原谅。但我们周围有一些女人，她们犯错之后，首先想到的不是赶紧道歉，而是如何文过饰非。因为道歉让她们觉得很没面子，觉得道歉是自己能力不够的表现。但事实恰好相反，道歉不是什么丢脸的事，而是真挚和诚恳的表现，是尊重他人也是尊重自己的表现。

真诚的道歉是道歉者发出的一种善意的信号。通常情况下，人们对于善意的信息都会做出友善的回应。这样，失言的人就很容易得到对方的谅解。

余敏被调派到分公司工作已经半年了，每次回到总公司，她都去问候以前很照顾她的陈科长。对陈科长经常不辞辛苦地到分公司给予指导的事，余敏总是反复地致谢。可是，不知怎么搞的，最近几次对方的反应却很冷淡。

当余敏纳闷地走出陈科长的办公室时，一位同事走过来告诉她："陈科长已经升为副处长了呀！"因为不知道陈科长已经升职，余敏依然用以前的职务称呼，当然会使对方的心里觉得不舒

服。余敏顿时恍然大悟，后悔自己没有事先确认对方的职位是否已经有所变化，所以失了言，但说错的话已经收不回来，怎么办？

余敏想了想，马上返回到陈处长的办公室，满怀歉意地说："陈处，恭喜恭喜！我在分公司消息不灵通，错漏了您升职的好消息，真是对不起，还请您原谅！"

像余敏这样明白地讲出来，并把衷心的祝贺表达出来，自然也就化解了对方心中的不快。可见，犯了类似无心之过时，首先要保持镇定，所谓"亡羊补牢，为时未晚"，用你的诚心加上道歉的技巧，便可化干戈为玉帛。

一次小王在和同事聊天时，开玩笑地说上司"像个机器人"，不巧的是正好被上司听到了。小王知道，如果自己不跟上司解释的话，肯定会被上司误认为自己背后说他坏话。于是，小王给上司发了条信息，问他可不可以下班后聊一聊，上司同意了。

"经理，我用'机器人'这个词绝无其他用意，"小王向上司解释道，"我觉得您对工作一丝不苟，但对我们有些疏远，因此，'机器人'三个字只是描述我这种感情的一种表达方式。请您谅解，以后我一定注意自己的措词。"听了小王的解释，上司微笑着说："我接受你的道歉，其实我也没把这事放心上，你这下放心了。"

小王的坦率道歉，不仅赢得了上司的谅解，并且也让上司在以后的工作中更加信任小王，将很多重要的任务都交给他处理。

有些人在对上司说了不敬的话后，往往会一味地自我谴责甚至自我羞辱，然后低声下气地去道歉。但许多情况下，仅靠一句"对不起"不会取得上司的谅解。道歉要坦率，更重要的是，要通过道歉把问题讲清楚，只有这样才能促成和上司的充分沟通，从而顺利解决自己言行失误所带来的感情危机。

出了问题首先承认自己的错误，这会给人一种有责任心、有担当的好印象。没人喜欢推卸责任的人，有时候你越是想证明错不在自己，越是会让人觉得你不靠谱，这样的人多半不会得到老板的重用。凡事先检讨自己，做自我批评，那么别人也就不好意思再多说你什么。这样做既避免了被人责骂的不愉快，也给自己树立了好形象，何乐而不为。

道歉是一种很细节的行为，因此很容易被人忽视，一带而过。然而，有了过失与错误，就应该及时道歉说"对不起"。真诚的道歉不仅可以获得对方的原谅，还说明一个人拿得起放得下，有魄力，这样的女人怎么能不迷人！

话题卡住了，就换话题，不要恋战

跟人聊天有时会遇到话题卡住的情况，这个时候，会说话的聪明女人就会赶紧转移话题，而不会不识趣地继续说下去。虽然你很希望把这个话题进行到底，问出一个结果，或是要告知对方某件事，但卡住了就是卡住了，别人的沉默和不悦已经接近临界点，你不想惹人家爆发就赶紧转移话题吧，暂且丢开就不会手忙脚乱，有机会再绕回来就可以了。

《康熙来了》有一期的嘉宾是著名女歌手孙燕姿。孙燕姿前段时间刚发行了个人最新的专辑，距离上一张专辑已经四年了，她来到《康熙来了》就是为了宣传新专辑。那个时候正值她的荷兰籍男友被曝光的时期，所以蔡康永和小S就一直想方设法地询问她男朋友的情况。

孙燕姿为了保护自己的隐私，一直处于比较抵制、不正面回答的状态。蔡康永见孙燕姿虽然面带笑容，但是表现出实在不愿意交谈这个话题的样子，于是就将话题转移到了孙燕姿想聊的话题——她的新专辑上。孙燕姿兴致勃勃地与主持人聊了很多关于新专辑的事，说到请张艾嘉帮忙演MV后，蔡康永见孙燕姿心情很好，聊性大发，就机智地说："我们这样有聊够多专辑了吧，那可以来聊别的。"

熟悉蔡康永的观众都知道，转移话题调动对方谈兴，再把话题绕回来，是蔡康永访问中非常喜欢使用的招数，而且往往都能重新打开对方的话匣子，让对方兴奋之余走进他的圈套中，本来不愿意说的话题也侃侃而谈了。

话题卡住的情况，多是因为我们的话题触犯了别人的某个禁区，或是激起了对方的不悦情绪。要转移话题调动对方谈兴，就要了解一下对方的心理和情感，以免转移到一个同样会激发对方不悦之情的话题上。情感是人的内心世界的一部分，一般是捉摸不定，较难把握的。但是，在有些场合，人内心的东西又常会通过各种方式外露出来。如果我们善于观察听者的一举一动，并能据此加以分析和推测，那么我们基本上就可以掌握听者的心理和情感，然后再顺着对方的心理适时地调整话题的方向，就能让谈话逐渐热络起来了。

某位中学老师悉心钻研中国古典文学，出版了一本近20万字的关于诗歌的书籍——《中国诗歌发展史》。该校的文学社小记者来到这位老师家采访，想让老师介绍一下写书经验。但那位老师面带难色，认为只是一个专题学习，谈不上什么经验。

小记者抬头望着墙上的一幅书法作品说："老师，这隶书是您写的吧？"

老师回答："是的!"

小记者又问道："那么请您谈谈隶书的特点，好吗？"

这正是老师感兴趣和愿意谈的话题。师生之间的感情逐渐变得融洽起来。

这时，小记者不失时机地说："老师，您对隶书很有研究，我们以后还要请您多加指导。不过，我们现在十分想听听您是怎样写成《中国诗歌发展史》一书的。"此刻，老师深感盛情难却，只好加以介绍了。

由此可见，当某个话题引不起对方的兴趣时，要有针对性地、有选择地挑选新的话题，以激起对方的谈兴。例如，同运动员谈心理与竞技的关系，同外交人员谈公共关系学，对方肯定会一拍即合，谈兴大发。在运用这种技巧时，说话者首先要了解听者的心理和情感。我们也只有在了解听者的心理和情感的基础上，才能知道某个场合该讲什么，不该讲什么，哪些话题能够打动听众，能使听众产生共鸣。

有些事通过直言争取对方的应允已经失败，或在自己争取之前对方就已经明确表示不肯允诺，在这种情况下，不要绝望，应该采取转移话题、隐藏委屈的办法。"隐藏"就是掩盖自己的真实目的，以虚掩实，让对方无从察觉。表面上自己好像没有什么企图，或者让对方感到某种企图并非始于自己，而是另外一个人。这样，对方可能就不再有戒备和顾虑，处在这种无戒备、无顾虑的状态中事情自然就好办多了。"委屈"就是不直接出面或不直奔目的，而是绕开对方不应允的事情，通过另外一个临时拟定的虚假目的做幌子，让对方接受下来。当对方进入自己设定的圈套之后，自己的真实目的也就达到了。隐藏委屈的最大特点就是，含而不露或露而不显，在具体运用时有些小窍门需要认真领悟。

　　值得注意的是，转换话题以后，说话者还要注意在适当的时机及时将话题引入自己要表述的正题。因为换话题只是给谈正题打下一个基础，而非交谈的真正目的。所以，当双方对所换话题谈兴正浓，感情沟通到一定程度时，说话者就要适可而止，将话题转入正题，这样就能更好地继续说完你想说的话题。

　　人本来就有自己的防备心，每个人要防备的方面又各不相同。在聊天的时候，有些话题，你以为没什么，对方可能就很敏感。特别是和女性朋友聊天，女人天生防备心强，再加上后天教育，恨不得人人自戴无形盔甲。所以，当你发现这个话题卡住了，不必抓住不放，尤其是像年龄、薪资这些隐私问题，你越是刨根问底，对方就会越不快。会说话的女人遇到话题卡住了，就会识趣地赶紧换一个话题，让气氛缓和回来，这样聊天才能继续下去。

批评不公开，效果会更好

　　法国文学家伏尔泰曾说过："自尊心是一个膨胀的气球，戳上一针就会引发大风暴。"我们避免社交风暴的最佳策略之一，就是帮别人保住面子。每给别人一次面子，就可能增加一个朋友；每驳别人一次面子，就可能创造一个敌人。

　　每个人都难免有犯错的时候，都有可能在一些公开的场合犯一些愚蠢的低级错误。面对这种情况应该怎么办？是当场指出别人的错误，还是先忍下，在私底下指出来？作为讨人喜欢的说话方式，私下指出应该是上策。

　　在别人犯的错误比较严重时，我们应该以私下谈心的方式委婉指出，急风暴雨不如和风细雨，当场训斥不如私下平心静气地指出问题、解决问题。只有拥有了一颗宽容的心，别人才能感受到你的真诚，在你指出他们错误的时候才能心悦诚服地接受。

　　指出错误多是发生在角色地位并不平等的人之间，比如上司对下属，老师对学生。这些情况下可以公开指出别人的错误吗？当然不应该，即使在这种情况下，也应该维护对方的面子。

刘兰老师班上有个女生很优秀，有一段时间她看到别人比自己成绩好，心里就有些不平衡，跟同学说话总是冷嘲热讽，甚至对老师也缺乏礼貌。刘老师通过网上聊天工具和她聊天，直言不讳地指出了她的错误心态，并且鼓励她继续努力，迎头赶上。这个女生很感激，情绪理顺了，心态也端正了。

对于其他有这样那样缺点的学生，刘老师也尽量采取类似方法。一位学生说："刘老师照顾我们的面子，我们也会尽力改正。"一位教育专家这样评价刘老师："刘老师这样做是讲策略，育人工程最复杂，关键要用心！"

有一次，刘老师经过教室，听到一位同学用很粗鲁的话顶撞老师，她装着没听见，事后私下把那位同学请到办公室，告诉他老师已经听到了他说的那句话，但不想当着全班同学来批评，这是为了尊重他。那位学生很诚恳地承认了自己的错误，并向当事老师道了歉，后来，这个学生变得很有礼貌。

刘老师可谓深谙批评之道，要想让对方接受你的批评，前提是不伤及对方的面子，最好的办法就是私底下指出来。女人没必要像炸药似的一点就着，看到别人犯一点错就横加指责，这种做法不仅会伤了对方的自尊心，还会给他人留下脾气暴躁的印象。会说话办事的女人都懂得在私下里和对方沟通，平和地指出对方的错误，并帮助他们找到恰当的改正方法。除此之外，她们还会肯定对方已经做得很好的部分，以免让他们丧失信心。

其实，很多人犯错都是无心之过，可在私下为其指出来，或以含蓄说明、暗示的方式使其意识到自己的错误。这样既能维护他人的面子，又能达到帮其改正缺点的目的。

当你因为某人的错误想对他发火批评时，可以先反问自己：
"处理这件事最合乎人性的方法是什么？"那么，你会发现，向
对方发火只是发泄了你的怒气，伤了对方的自尊，伤了你们之间
的和气，但对于事情的解决没有任何帮助。所以，当别人因为一
时疏忽把事情弄糟时，选择在私底下指出其错误，既是对别人的
尊重，也会赢得别人对你的尊重。

　　虽然生气的时候谁都很难控制自己的情绪，但也正是在这样
的情况下最能体现一个人素质的高低。想做别人口中的"好脾气
女人"，不是只靠说两句贴心的话就可以。有些女人一有不愉快
就破口大骂，而不管场合、地点、当事人的特殊情况。如果你在
怒火中烧的时候还能理智地分析现场情况，还能照顾到对方的面
子，把问题带到私下解决，或者用其他不伤人自尊的方法解决，
那么所有人都能看到你的宽容、你的大气。

　　总之，批评他人时，如果语气委婉，被批评者就会容易接
受。因为对方会认为，你的委婉给足了自己面子，感激之余，自
然会积极地改正缺点。反之，如果批评者语气生硬，对方就会认
为你伤了他的自尊，这样不仅达不到批评的目的，还可能让对方
心生反感，使得彼此的相处变得很尴尬。

聪明女人从不说替上司做决定的话

女人必须知道，无论你帮老板管了多少事，操了多少心，也无论你的老板多糊涂，他毕竟还是你的老板，大事小情还得由他来做主。出了错，他承担；有面子，也该由他来卖。上司永远是上司，工作上的事情只要是涉及老板的面子问题，即使再小、再不重要的事，也要由他定夺。自作主张，这是跟上司相处的大忌。

有个杂志社给一位作家做了一期专访，等杂志出版之后，这位作家收到了一本样书。但他想多要几本送给朋友，便打电话给这家杂志社主编。

主编不在，杂志社里一个年轻女孩接了电话。"麻烦你转告一下主编，我想多要几本这期的杂志。""这个啊，没问题！您直接派人过来拿就成。"女孩爽快地说道。

那位作家正打算驱车去拿杂志，却接到了主编的电话："对不起！刚才我不在，杂志收到了吧？我刚才派人给您多送了几本过去。"停了一下，主编又说："可是，对不起，我想知道是哪位同事说您可以立刻过来拿的。"

作家很奇怪，于是问道："有问题吗？""当然没问题，您

要十本都可以，我只是想知道，是谁自作主张。"

事情的结果可想而知，那位自作主张的女孩自然免不了受到主编的一番责备，她在主编心目中的印象也肯定会大打折扣。

既然是别人点名找你的上司，作为下属就该转告，而不是替他做主。虽然只是一句话而已，但本来可以由上司做的人情，却被女孩无意挥霍了。想想看，像这位女孩的行为，上司能不为此反感吗？老板就是老板，下属就是下属，不要自以为是，聪明的下属要懂得什么话该说，什么话不该说。

不自作主张，这是你在处理公司事务时必须要做到的。要想在这方面做得更好，你还需要做到遇事时多和上司商量，多让上司给你做主。

你有没有常常向上司请教关于自己在工作中遇到的疑问？如果没有，那么从今天起，你就应该改变方针，尽量详细地咨询。下属向上司请教，并不可耻，而且是理所当然的。有心的上司都希望他的下属来询问。下属来询问，既表示他的眼里有上司，尊重上司，尊重上司的决定，也表明他工作态度认真负责，不会敷衍了事，上司也才能够放心。

如果员工假装什么都懂，一切事都不想问，上司就会觉得"这个人恐怕不是真懂"而感到担心，也会对你是否会在重大问题上自作主张而产生担忧。在工作上，面对重大问题的决策时，你不妨问问上司，"关于某件事，某个地方我不能擅自下结论，请您定夺一下"，或者"这件事依我看这样做比较好，不知您认为应该如何"等。

其实，客观来说，下属自作主张带来的后果往往都不会太严重，也并非全都是消极的方面。可以想象，哪有员工笨到不知轻重的地步，敢擅自替上司做出关乎单位整体利益的主张呢？除非他真的是个没有自知之明的人。然而，这种自作主张所带来的对职场上的等级及人际关系常态的冲击，往往是十分明显的。

上司反感下属的自作主张，其实不在于下属的擅自决定给工作带来的损失——通常说来，这种损失是微小的。上司心中真正在意的是下属越权行事的行为，以及这种做事风格所反映出的下属心中对上司的态度。

在职场上，女人必须时刻牢记一条：上司永远是决策者和命令的下达者，无论我们有多大的把握、如何相信自己的判断力，无论你代替上司决定的事情有多细微，都不能忽略"上司同意"这一关键步骤。

因此，会说话的聪明女人绝不会说替上司做决定的话，否则，当上司意识到本应由自己拍板的事情，却被属下越俎代庖，他所产生的心理上的排斥感和厌恶感，以及对于下属不懂规矩的气恼，足以毁掉你平时小心经营、积极努力所换来的赏识。所谓"一招不慎，满盘皆输"，莫过于此。

"傻白甜"也不能这么开玩笑，不然再白再甜也没用

开玩笑的人动机大多是好的，逗大家一乐，能够很好地活跃现场的气氛，特别是尴尬时刻，恰当的幽默更像一阵清风，能吹散凝滞不动的空气。玩笑开得好不仅可以增进人际关系和谐，还能使你整个人充满魅力。但如果把握不好分寸，就会造成一些不良的后果。

小马先天秃头，从小到大没少为此被人取笑。一天，大家在一起聊天，得知小马的发明专利被批准了，心直口快的小莉脱口说道："你小子，真有你的！真是热闹的马路不长草，聪明的脑袋不长毛。"一句话逗得其他人哄堂大笑，但本来就挺在意自己秃头这件事的小马听后脸上一阵红一阵白的。

小莉原本只是出于好心想夸赞小马脑袋灵光，但因为一时口快刚好戳到了小马的痛处，好心没送出去，反而弄巧成拙，招致了对方的怨恨。

玩笑开得不好，对方心理就会不舒服。有些女生自认跟闺蜜情深似海，所以开起玩笑来无所顾忌，想开什么玩笑就开什么玩笑。但是，一旦玩笑开过了头，如果朋友愿意包容，那是你的福气；如果朋友为此疏远了你，那你只能怪自己口无遮拦，不懂得为朋友考虑。

跟上司开玩笑更得注意分寸。有些人喜欢玩黑色幽默，事实上，没有几个人是真正喜欢黑色玩笑的，因为这里面包含了太多的不尊敬和戏弄成分。跟上司开黑色玩笑，一不留神玩笑就会变成对上司的冒犯。

高蝶非常聪明活泼，言辞犀利，还有丰富的幽默细胞。无论上学还是工作，她都是身边人的"开心果"。尽管如此，她在一家公司已经工作三年了，仍然只是一名行政助理。到底是什么原因使她在工作上没有晋升，她自己也说不好。

有一天，高蝶向学心理学专业的表哥提到了这个问题，表哥问她："你平时有没有在言辞上对上司不敬？"

高蝶一愣，心想她平时除了爱开玩笑，没有其他的毛病了，难道是她向上司开玩笑造成的？于是，高蝶想起了前几天的几个玩笑。

那天，上司穿了一身新衣服去上班，灰西装、灰衬衫、灰裤子、灰领带。同事都没有说话，只有高蝶大声喊着："哎呀，穿新衣服了？"上司听了咧嘴一笑，她接着做个鬼脸，捂着嘴笑着说："哈哈，像只灰耗子哦！"

还有周五的时候，有个客户来公司签合同。当上司签完字以后，对方连连称赞上司的字写得好，说："您的签名可真气派！"高蝶正好走进办公室，听到称赞声后，一阵坏笑："能不

气派吗？我们头儿可暗地里练了三个月呢！"当时她注意到上司和客户的表情都很尴尬，不过她也没有多想。

现在仔细一想，好像问题就是出在这里。

开玩笑没有分寸的人大多是热衷于挑刺的人，这类人往往被视为"刻薄"，而刻薄的女人通常没什么人缘。拿黑色玩笑来说，其实，黑色玩笑体现着一个人的人性弱点：面对一个人或一件事时会不自觉地挑刺。这是一种思维习惯。同样一句黑色玩笑话，也许你觉得没有什么，然而你的上司可能就会觉得问题很严重。所以，平时不管跟谁开玩笑，我们都要有意识地多提醒自己注意分寸，话出口前要先想一想是否合适。正所谓"说者无心，听者有意"。

女人跟男人开玩笑时，如果玩笑开得恰当会让对方觉得你俏皮可爱，但是，如果玩笑开得不当触犯了对方的隐私，或者驳了对方的面子，对方就会觉得你傻、没脑子。而女人跟女人开玩笑就更得小心了，开好了姐妹情深，开不好可能就会导致"友谊的小船说翻就翻"。

人际交往中，开个得体的玩笑可以松弛神经，活跃气氛，创造出一个适于交际的轻松融洽的氛围，因而诙谐幽默的人常能受到人们的喜爱。但是，玩笑开得不好，则会适得其反，容易让彼此尴尬，影响感情。因此，会说话的女人在开玩笑时都懂得适可而止，掌握好分寸，做到得体含蓄，点到为止。

第四章 不做大嘴婆，
做滴水不漏的
口才精

修炼情商，从"打圆场"开始

常言道："金无足赤，人无完人。"每个人都有遇到尴尬、出现失误的时候，尤其是在人多的场合犯错，面子上自然过不去。这时候，如果你能及时站出来"补台"，也就是替对方"打圆场"，巧妙地化险为夷、化拙为巧，保全其颜面，那么就会赢得对方的好感，在人际交往中取得良好的效果。

打圆场的目的通常是调解纠纷，化解矛盾，避免尴尬，打破僵局。但打圆场是有技巧的，运用得好可以消除误会、缓和尴尬的气氛，还有利于问题的解决，运用不好就是火上浇油，还会整成猪八戒照镜子——里外不是人。可以说，一个善于打圆场的人，都是处世功底深厚的人，口才都不会差。

台湾著名主持人吴宗宪打圆场的技巧，可谓炉火纯青，值得我们学习。

2014年8月3日晚，户外真人秀《男神女神》节目中，四位美女选手秀了一段舞蹈，可能是因为紧张，有两位选手出现了一些小失误。看到姑娘们局促不安的样子，作为主持人的吴宗宪忙打起圆场："虽然你们当中有人跳错，但一切都没关系。要知道，方才失误的那个动作，样子是全世界最可爱的。卓别林说过一句话'全世界最精彩的演出，就是出错的那一次'。"姑娘们都被逗笑了。

在表演过程中出现失误，姑娘们心里肯定很不安，吴宗宪巧妙地借卓别林的一句名言，安慰和开导她们，出错并不可怕，出错的一次恰恰是独一无二的，"样子是全世界最可爱的"。如此贴心体谅的话语，怎能不让姑娘们释然欢乐！

无独有偶，小米科技创始人雷军在一次业内峰会的讲话上，也为我们秀了一把如何高情商地为自己打圆场。

首届世界互联网大会"中外互联网领袖高峰对话"上，雷军说下了豪言壮语："五到十年后，小米有机会成为世界第一智能手机公司。"美国苹果公司副总裁布鲁斯·塞维尔不屑一顾，"说起来总是容易的，但是做就不那么简单了。"但机智的雷军反应很快，接着说道："马云讲过一句话，梦想还是要有的，万一实现了呢？"引得台下一片笑声和掌声。

毕竟业内还有几家实力不凡的公司在场，雷军在他们面前有些过于自信地说出一句雄心勃勃而又具有挑战意味的话，自然会招致某些与会者的不屑，而这时他以马云的一句关于梦想的名言为自己打圆场，给自己的话加上了幽默的韵味，削弱了其中的挑战意味，自然也就更容易让人接受了。

生活中的任何事情都包含着两重性，其中的对与错、利与弊是相对的。辩证地看待问题，得体地扬长避短，是打圆场的又一技巧。

有个理发师傅带了个徒弟。徒弟学艺三个月后，这天正式上岗。他给第一位顾客理完发，顾客照照镜子说："头发留得太长。"徒弟不语。师傅在一旁笑着解释："头发长使您显得含蓄，这叫藏而不露，很符合您的身份。"顾客听罢，高兴而去。

徒弟给第二位顾客理完发，顾客照照镜子说："头发留得太短。"徒弟不语。师傅笑着解释："头发短使您显得精神、朴实、厚道，让人感到亲切。"顾客听了，欣喜而去。

徒弟给第三位顾客理完发，顾客边交钱边嘟囔："剪个头花这么长的时间。"徒弟无语。师傅马上笑着解释："为'首脑'多花点时间很有必要。您没听说'进门苍头秀士，出门白面书生！'"顾客听罢，大笑而去。

徒弟给第四位顾客理完发，顾客边付款边埋怨："用的时间太短了，十分钟就完事了。"徒弟心中慌张，不知所措。师傅马上笑着抢答："如今，时间就是金钱，'顶上功夫'速战速决，为您赢得了时间，您何乐而不为？"顾客听了，欢笑告辞。

故事中的这位师傅，真是能说会道。他巧妙地利用人们爱听"吉言"的心理，针对顾客不同的抱怨机智灵活地择用不同的幽默话语进行打圆场，引导对方换个视角去体会佳妙之处，"欣喜而去"也就是很自然的了。

不管是吴宗宪、雷军，还是理发师傅，他们绝对称得上是机智口才的典范，都能够在任何情况下借助恰到好处的话语及时出面打圆场，淡化和消解矛盾，给自己和对方找台阶下，使气氛由紧张变为轻松，由尴尬变为自然。

打圆场是一种语言艺术。聪明的女人，从今天开始进行训练，让你的口才更加出众吧！

适时给台阶，人缘跟着来

在社交场合，每个人都格外注意自己形象的塑造，女人们更是如此，会表现出比平时更为强烈的虚荣心和自尊心。在这种心态的支配下，如果你不给对方留面子，对方就会产生强烈的反感。每个人都有自己的心理防线，一旦我们不给别人退路，不让他们走下台阶，他们就会使出最后的一招——自卫。公共场合与人争论所带来的影响远比因尴尬而产生的影响坏得多，所以，遇事待人，会说话的女人都谨记一条原则：别让人下不了台阶。

经常看《快乐大本营》的朋友都知道，节目中经常贯穿着各种各样的玩笑。有一期节目的嘉宾是著名歌手林宥嘉，主持人照旧跟对方开起了玩笑。林宥嘉是从台湾选秀节目《超级星光大道》中走出来的歌手，被人们称为"迷幻王子"，深得粉丝喜爱。

节目组了解到林宥嘉喜欢美食，于是特意给他安排了一顿大餐，还专门设置了一些机关，秘密摄制林宥嘉吃饭的整个过程。节目现场播放了这段视频，大家看完VCR后，哈哈大笑，主持人何炅开始和林宥嘉开玩笑了。

何炅说："你们不知道那个拔丝西瓜有多烫，西瓜本来就有很多水分，所以它在里面是特别烫的。我吃了四口都没有咬下去，因为太烫了，他（林宥嘉）整个就放到嘴里。"听完何炅的话，现场观众再次大笑起来，林宥嘉也笑着说："对，太烫。"

不过，为避免尴尬，何炅接着说了一句话，给了林宥嘉一个台阶下："但是，我觉得，可以吃是很幸福的事。"于是，把话题转到了明星们都不能吃饱这件事上，感叹他们为此所作的牺牲。

林宥嘉作为偶像明星，被大家看到他不雅的吃相难免感觉有点难为情，所以何炅赶紧给了他一个台阶，顺便还转移了话题，摆脱了尴尬的处境。如果你也能像何炅一样，随时关注别人的感受，在适当的时候给别人台阶下，那么你也会成为一个像何炅一样被大家喜欢的人。

会说话的女人，在别人遭遇窘境的时候，不但会尽量避免因自己的不慎而使别人下不了台，而且还会在对方可能不好下台时，巧妙及时地为其提供一个台阶。

◎顺势而为送台阶

依据当时的势态，对他人的尴尬之举加以巧妙解释，使消极事件转而具有积极的含义。

全校语文老师来听王斐老师讲课，想不到校长也光临指导，这下可使王老师犯难了。她既怕自己的课讲得不好，又担心学生回答问题时表现不佳。

课上，王老师重点讲解了词语的感情色彩问题。在提问了两位同学取得良好效果后，她接着提问校长的儿子："请你说出一个形容妈妈美丽的词或句子。"

或许是课堂气氛紧张，又或许是严父在场，也可能是兼而有之，校长的儿子一时语塞，只是呆呆地站着。

王老师随机应变道："好，请你坐下。同学们，刚才这位同学的答案是最完美的，他的意思是说，妈妈的美丽是无法用文字和语言来形容的。"校长和在场的所有老师都发出了会心的微笑。

这一妙解为校长的儿子尴尬地呆立着赋予了积极的意义，使他顺利下了台阶，王老师和校长也自然而然地摆脱了难堪。

◎ **转移话题摆台阶**

某单位一女员工结婚，在办公室散发喜糖。大家吃着糖，突然一位中年女科员笑着对办公室里一位尚未处对象的33岁大龄女青年说："喂，什么时候吃你的喜糖啊？"大家一听都看向那位女青年。女青年脸上的笑容瞬间变成了不知如何回答的难堪表情，缓缓地低下了头。

坐在女青年旁边的一位大姐见状，起身来到她身边，指着对方身上的那件款式新颖的上衣问："咦？这件上衣什么时候买的？在哪个商场买的？真适合你啊！"女青年听了大姐的话，脸上又漾起了笑容，大家兴致勃勃地谈起了那件衣服。那位中年女科员的问题不了了之。

在大庭广众之下问还没处对象的大龄女子何时结婚，确实是一件很不礼貌的事情。女青年碰到这个尖锐的问题时处境自然十分尴尬，回答不好就会引起别人的闲话，再说这事也没必要让大

家参与进来。一旁的大姐看女青年陷入尴尬，立刻把话题转移到了女青年的漂亮衣服上，借以回避他人的无聊问题，适时挽回了女青年的面子。

任何人，不论他是智商极高还是情商极高，都有下不来台的时候，所以，当看到别人处在一个进退两难的尴尬境地时，会说话的聪明女人都会提供一个合适的借口或方法给对方台阶下，使其免丢面子。这既可以缓解紧张难堪的气氛，使你获得对方的好感，而且也有助于你树立良好的社交形象。不用说，这样的女人，人缘一定不会差！

小心职场"地雷"

　　人与人交往都有一个适当的距离，没有人愿意把自己摊开放在阳光之下，向所有人暴露自己的一切。所以，在与他人交往时，你应该培养适当的距离感，交浅时言莫深。否则，非常有可能触及雷区，惹火上身，给人留下不好的印象。

　　有些女人动不动就问人家："你多大了？""有男（女）朋友吗？""你结婚了吗？为什么还不结婚？""一个月赚多少钱？"其实，她跟人家才刚刚认识而已，并没有什么交情，而这些问题却已非常深入并且私人化，这就是典型的交浅言深。闺蜜之间谈话，固然是谈得深才好，既能加深两人的友情，又能帮助对方解决一些私人问题。但如果两个人的交情没有那么深的话，就要避开雷区，保持适当的距离。

　　那么，我们应该避开的雷区都有哪些呢？著名主持人蔡康永给我们的建议是："第一，对方很容易有苦衷的、不方便对不熟的人说的，比方说'财务状况、生什么病、感情状况、小孩的成绩等等'。第二，对方很容易有强硬立场的，谈起来容易起争执的，比方说'支持哪个球队、讨厌哪个明星、信哪个宗教、吃素的攻击吃肉的或者反过来吃肉的攻击吃素的等等'。"

日常生活中，这样的"地雷"并不少见。或许你目前还没有遇到，但这并不代表着你的生活里没有"地雷"，只是你还没踩到而已。对于社会中的各个人群来说，避免交浅言深是很重要的说话技巧，而对于职场白领们尤为重要。因为职场是最复杂的江湖，与领导、同事、客户、伙伴等相处都要讲究不同的距离。

在职场里，女人必须要做有心人，有些话不可乱讲，否则就会招来不必要的麻烦。你知道哪些话在办公室是不能随便说的吗？

◎ 薪水问题

很多公司不喜欢职员之间互相打听薪水，因为同事之间的工资往往有不小的差别，所以发薪水时领导有意单线联系，不公开数额，并叮嘱不要让他人知道。"同工不同酬"是领导常用的手法，用好了，是奖优罚劣的一大法宝，但它是把双刃剑，用不好，就容易引发员工之间的矛盾，而且最终会调转枪口朝向，矛头直指领导，这当然是他所不想见到的。所以，老板对好打听薪水的职员总是格外防备。

有的女人打探别人时喜欢先亮出自己，比如先说"我这月工资……奖金……你呢？"如果对方比她的钱多，她就会假装同情，心里却暗自得意；如果对方没她的钱多，她就会心理不平衡了，表面上可能是一脸羡慕，私底下往往不服。这时候你就该小心了，背后做动作的人通常是你不设防的人。

首先，你不要做这样的人。其次，如果你碰上打听薪水的同事，当他把话题往工资上引时，你要尽早打断他，说公司有纪律不谈薪水；如果不幸他语速很快，没等你拦住就把话都说了，也不要紧，用外交辞令冷处理："对不起，我不想谈这个问题。"有来无回一次，就不会有下次了。

◎私人生活

无论你是失恋还是热恋，别把情绪带到工作中来，更别把故事带进来。办公室里的聊天，说起来只图痛快，不看对象，事后往往懊悔不迭。可惜说出口的话如同泼出去的水，再也收不回来了。

职场上风云变幻、错综复杂，女人把自己的私域圈起来当成办公室话题的禁区，轻易不让外人涉足，是非常明智的一招，是竞争压力下的自我保护。"己所不欲，勿施于人。"如果你不先开口打听别人的私事，不八卦，自己的秘密也就不易被打听。

千万别聊私人问题，也别议论公司里的是非短长。你以为议论别人没关系，其实用不了几个来回火就能"烧"到你自己头上，那时再"逃跑"就显得被动了。

◎家庭财产

不是你不坦率，坦率是要分人和分事的，从来就没有不分原则的坦率，什么该说什么不该说，心里必须有谱。

就算你刚刚新买了别墅或利用假期去欧洲玩了一趟，也没必要拿到办公室来炫耀。有些快乐，分享的圈子越小越好。女人本来就容易招同性妒忌，被人妒忌的滋味并不好受，因为容易招人算计。

无论露富还是哭穷，在办公室里都显得做作。与其讨人嫌，不如知趣一点，不该说的话不说。

办公室是闲话的滋生地，工作间歇，大家很愿意找些话题来放松一会儿。为了不让闲聊入侵自己的私域，女白领们最好不要有意捡一些涉及隐私的问题来聊，无论是关于别人的还是自己的。同事聊天可以围绕新闻、热点、影视作品来说，既避开了个人隐私，还能敞开来侃，而且无害。

见什么人说什么话，
到什么山唱什么歌

在人际交往中，会说话的聪明女人都懂得遇到不同的人说不同的话，以便满足对方的心理需求，从而赢得对方的好感，这是说话办事的一大技巧。正如《鬼谷子·权》中所写："故无目者不可示以五色，无耳者不可告以五音。"意思就是：对眼睛失明的人，没必要拿五色给他们看；同理，对耳朵失聪的人，没必要让他们听五音。

何洁大学毕业后应聘到一家纺织工厂做技术顾问，起初很得领导赏识，但好景不长，不到三个月，车间主任就对她越来越冷淡了。她怎么也弄不明白其中的原委。

经一位好心师傅点拨，她才恍然大悟：原来她刚走出学校，讲话爱用术语，而车间主任是中专毕业，最烦别人在他面前说一些他听不懂的专业词汇。这位大学生无形中触动了领导的自卑感，而使自己处于了不利位置。

俗语说得好，"见人说人话，见鬼说鬼话"，满腹专业理论的大学生跟一身工作经验但缺乏理论知识的老技工一起共事，就该注意说话不能理论化。可能大学生平时在学校跟着导师做项目习惯使用专业术语以表达自己的严谨态度，但是工作地点转换到工厂里，就得把话说得通俗易懂，利于沟通。

下面这个故事中的秀才就是犯了跟何洁一样的错误。因为沟通双方在知识结构、社会经验、价值取向、生活和工作经历等方面的差异性，所使用的语言必然不同，这就导致了沟通效果大打折扣。

有一个秀才去买柴火，他对卖柴火的人说："荷薪者过来！"卖柴火的人听不懂"荷薪者"（担柴火的人）三个字，但是听得懂"过来"两个字，于是把柴火担到秀才面前。秀才问他"其价如何？"卖柴火的人听不太懂这句话，但是听得懂"价"这个字，于是就告诉秀才价钱。秀才接着说："外实而内虚，烟多而焰少，请损之。"（你的柴火外表是干的，里头却是湿的，燃烧起来，会浓烟多而火焰小，请减些价钱吧。）卖柴火的人因为听不懂秀才的话，于是担着柴火就走了。

这就告诉我们：用对方听得懂的语言进行沟通，是沟通成功的保障。这便于信息接收者接收信息，理解信息。也就是《鬼谷子·摩》中所说的："摩之以其类，焉有不相应者。"意思就是：揣测时把握各类事物的相同点或相似点，哪会有对方不呼应的情况呢？

作为管理者，在与下属进行沟通时最好用简单的语言、易懂的言辞来传达信息，而且对于说话的对象、时机要有所掌握；作

为销售员，如果完全从技术的角度向消费者讲解产品的好处，我想效果一定不会好……

我们与人说话时，一定要先明白对方的个性，对方崇尚学问，就说高深的话；对方喜谈琐事，就说浅近的话。如果说话方式能与对方个性相符，那么彼此自然能一拍即合。《鬼谷子·权》中就提到了"见人说法"九种：

故与智者言，依于博；与拙者言，依于辩；与辩者言，依于要；与贵者言，依于势；与富者言，依于高；与贫者言，依于利；与贱者言，依于谦；与勇者言，依于敢；与过者言，依于锐。

意思就是：与聪明的人说话，要依靠旁征博引；与笨拙的人说话，要依靠高谈雄辩；与善辩的人说话，要依靠简明扼要；与高贵的人说话，要依靠恢宏气势；与富有的人说话，要依靠高雅潇洒；与贫穷的人说话，要依靠利益诱惑；与卑贱的人说话，要依靠谦虚恭敬；与勇猛的人说话，要依靠当机立断；与过激的人说话，要依靠敏锐机智。

上述这些都是与人谈话的原则，它提醒我们，人有不同类型之分，处境不同，所追求的主要利益和担忧的主要损害也不同，我们在与其进行沟通时要利用其兴奋点激励之，利用其薄弱处掌控之。

总之，会说话的女人在与人交谈时都懂得灵活应变，懂得面对不同地位、不同类型的人采取不同的谈话风格，以适应对方的心理特点，这样就能不碰钉子、不失体面，保证谈话顺畅地继续下去。

先损自己几句再批对方，
他就不会觉得你是事儿妈

　　女人居高临下地批评别人最容易伤害别人的自尊，如果在批评他人之前先谈一谈自己从前犯过的类似错误，不仅可以让对方认识到自己的错误，还可以营造出坦诚相待、大家共同承担责任的积极氛围，对方就会更加乐于接受批评，也不会伤了彼此的和气。

　　有个叫麦克的食品店店员，在一次运货时因马虎而使食品店损失了两箱果酱。为此，老板薇薇安对他进行了如下一番批评：

　　"麦克，你犯了个错误，但上帝知道，我当导购员时犯的许多错误比你还糟。你不可能天生就万事精通，那只有在实际的经验中才能获得。而且，你在这方面比我强多了，我曾做出那么多愚蠢的事。但是，如果你换一种做法，事情会不会更好一点呢？"

　　麦克听后，愉快地接受了老板的批评，从此做事认真多了。

　　由此可见，自我批评比针锋相对的辩论、指责效果要好得多。很多人被批评，由于丢不下面子所以直言反驳，弄得双方都

下不来台。如果在批评别人之前先作一番自我批评，就相当于给了对方一个台阶下，这样他就不会再想各种理由来反驳你，而是会虚心接受你的批评，并且认真反思。

比如，一帮女性朋友想邀你去唱歌，其实她们唱得并不怎么好，可是你又不好意思直接说她们唱得不好。这时，你就可以说："我们都是好朋友了，说出来不怕你们笑话，我唱歌一直五音不全、跟不上节奏，你们听着都会觉得扫兴，为了不影响你们的兴致，我还是不去为好。要不，咱们都别去了吧，其实，你们唱得也不比我好多少，哈哈。"同时，你还可以说一些其他的事例进行补充，或者找一些比较好的借口来增强这种自我贬低的效果。

具体来说，批评他人之前先批评自己要如何做呢？

首先，将自己说得"一塌糊涂"，借由表现出自己的无能。不过，所表明的"无能"的理由必须真实可信。如果随意乱编例子、胡乱批评自己，则会显得很突兀，并且缺乏真诚。只有在自我开涮时保持一颗真诚之心，说出来的话才会有说服力和真实性，而且被批评者心里也会舒服些，甚至会觉得这番批评很风趣，最重要的是，这种方式的批评不会造成双方关系的恶化。

其次，将矛头指向他人。接着"表示自己无能"的说辞之后，以"我不行，你也不怎么样"的招式来将矛头指向他人，开始你对他的批评。

因为我们已先将自己置于了一个很低的位置，拿自己开涮，拿自己垫底，所以此时再批评别人，别人就比较好下台，不会特别生气于我们的批评，就算他想出言"报复打击"，也没有关系，因为你已经先自我批评了。所以，如果想恰当地批评他人又不让对方生气的话，不妨试试这个方法。

爱默生曾说过："不论你使用什么言语，你所说的归根到底还是对你自己的写照。"与人相处，要慎用批评，尖刻的批评和斥责永远都无济于事，它不但不会改变事实，反而会招致愤恨。人类的天性就是做错了事只知道责怪别人，绝不会责备自己。我们要做的就是克服人性的弱点，最大限度地发挥人性的优点，帮助我们在成功的道路上减少阻力。

作为女人，尤其是女上司，工作中难免要对下属的工作失误做出批评，如果不注意批评的方式，就很容易被下属在背后议论为"事儿妈"，搞得上下级关系不和谐。所以，当你要开口批评人时，先适当贬低自己，把自己的姿态放低，那么对方听到身为上司的你在他面前竟如此贬低自己，心理上就很自然地倾向于进行自我反思，也就更容易接受你的批评了。这样做既树立了女上司体谅下属的好形象，又不会影响同事关系，岂不是两全其美。

说话要像女人的裙子，越短越好

　　幽默大师林语堂曾戏称："演讲要像女人的裙子，越短越好。"不仅演讲如此，说话也是一样。简洁的话语常能让人有意犹未尽、余音绕梁之感；而冗长又索然无味的话语，就像是老太婆的裹脚布，又臭又长，使听者昏昏欲睡。

　　同样是说话，有的女人说了很多却让人不知所云，有的女人简单说几句却能四两拨千斤，一语中的，这就是说话水平的差距。平日里跟闺蜜天南海北地乱侃无可厚非，但如果遇到非常正式的场合，说话就要特别注意你的逻辑性和条理性，要将自己想说的内容逐字逐句清晰表达出来，让听者能立即明白你在说什么。也就是说，你要采取一种言简意赅的说话方式。

　　一天上午，职场新人小艾跑到经理办公室想要说点什么，她一开始说："经理，我是家里的独生女，爷爷奶奶平时最疼的就是我，把我当小公主一样宠着。"经理抬起头问："然后呢？"

　　小艾又说："我对待工作真的挺认真挺负责的，来公司之后一次假也没有请过。上次照毕业照我都没敢请半天假，现在还觉得很遗憾。"经理停下了手头的工作，再问："然后呢？"

小艾小心翼翼地说："我妈来电话说我奶奶病了，特别想让我回去看看。"经理笑着接了下句："所以你想请假？"

小艾终于点点头。

"其实你可以一进门就说'经理，我要请假。'"经理点拨小艾说道，"没有必要说那么多铺垫的话。如果可以请假我肯定会立刻就同意的，如果不方便请假我会接着问你原因，你再说明这些情况。我们平时在工作中要讲究效率。"

经理说得很对，干吗要绕弯浪费时间呢？直奔主题说明自己的意图，这对于追求效率的职场是非常有必要的。

女人含蓄的天性可能会使得她们说话时爱拐弯抹角，做了各种铺垫之后才愿意说出自己的真实想法。这种做法有时非常必要，比如批评别人的时候。但是，在需要你简洁明了地表明自己的意图时，直截了当地说出你的想法更恰当。

说话言简意赅，最重要的一点就是，所说的话句句都要围绕主题，语句简练、意思完整，将你的所想所悟有条不紊地呈现在听者面前，思路清晰，表意明确。

汪涵有一次在接受采访时，记者问他："在你刚出道时，大家会觉得耳目一新。但随着曝光率过高，观众就会产生一定程度上的厌倦心理，尤其是娱乐节目主持人，几乎都有这个从新鲜到厌烦的过程，你觉得自己有没有进入这个过程呢？"

对于这个问题，汪涵如此回答："我自己看我都厌烦了，打开电视机哪都是我，能有机会休息一下就最好。我们身边有很多河流，长江、黄河不会因为你每天看到它就产生厌烦。问渠哪得

清如许？为有源头活水来。你只要不断改造、修行自己，主持人开口说话就像水库开闸放水，如果水是清凉、清澈的，还是有人会靠近它，掬一捧水洗洗脸。如果你不去补充，流出的是泥浆，一定不会有人来靠近。水库的造型、周遭环境不是吸引人靠近它的最主要原因，而是它里面时时刻刻都有清澈的水，才会有人跳进去畅游。"

倘若仔细琢磨这一段应答的话，就会发现其中充满了智慧和逻辑。汪涵先是以一句"我自己看我都厌烦了，打开电视机哪都是我"自嘲，暗示自己的人缘不错，然后拿江河打比方，巧妙解释自己颇受观众青睐的原因——"为有源头活水来"。紧接着，他又别具一格地将"主持人开口说话"比作"水库开闸放水"，采用两个假设复句"如果水是清凉、清澈的，还是有人会靠近它""如果你不去补充，流出的是泥浆，一定不会有人来靠近"，从正、反两方面强调了主持人"不断改造、修行自己"的重要性。最后，以一句"不是……而是……"的说辞，言简意赅、深入浅出地直指问题的核心——主持人吸引人的最主要原因在于"时时刻刻都有清澈的水"。

这里需要提出的是，言简意赅并不是说话简单即可，这种简洁要从实际效果出发，简得适当而且恰到好处。倘若单纯为了追求简洁而硬是掐头去尾的话，那么别人就会对你的话感到迷茫，从而影响沟通的效果。这也就是说，言简意赅中的"简"是相对的简，而不是绝对的。所谓的简短，应当以精确为前提，该繁则繁，能简则简。

想练习言简意赅的说话方式，最有效的办法就是在日常生活里有意识地培养自己分析问题的能力，试着透过某一件事的表面现象去抓住背后的本质并进行综合概括。只有这样，说出来的话才能做到准确精辟且富有魅力。此外，最好在平时多掌握一些词汇，如果讲话者词汇贫瘠的话，那么在讲话时即使搜肠刮肚也很难保证有精彩的谈吐。

具体来说，在与人交谈的过程中，怎样才能做到简洁明了呢？你应该注意以下几点：

第一，紧扣主题，把话说到点子上，与本次谈话无关的内容最好不说；

第二，分清主次，重点突出，重要的事情重点说，次要的事情一句带过；

第三，在话未说出口时，先打好一个腹稿，然后再按照次序一一说出来；

第四，多用简洁明快的短句，少用冗繁复杂的长句或倒装句；

第五，多用通俗易懂的常用词，少用某些特殊专业或范畴专用的词汇。

第五章 说服他，
需要美人心计

抓住"动情点"，
有效唤起对方的情感共鸣

生活中，当我们有求于人时，最佳的效果莫过于让对方觉得答应你的请求是一种感情上的需要。当然，这要以能引起对方的感情共鸣为前提。而女人本来就感情丰富，而且易给人楚楚可怜的印象。因此，会说话的聪明女人要学会向所求之人分析现状，用真情打动对方，引起对方的共鸣，如此对方才会欣然相助。

在美国经济大萧条时期，有一位17岁的姑娘好不容易才找到一份在高级珠宝店当售货员的工作。在圣诞节的前一天，店里来了一位30岁左右的贫民男子，衣衫褴褛，面黄肌瘦，他用一种贪婪的目光盯着那些高级首饰。

此时，电话响了，姑娘着急去接电话，一不小心，把一个碟子碰翻了，六枚精美绝伦的金戒指落到地上，她慌忙捡起其中的五枚，但第六枚怎么也找不着。这时，她看到那个30岁左右的男子正向门口走去。顿时，她知道戒指在哪儿了。

当男子的手将要触及门柄时，姑娘柔声叫道："对不起，先生!"

那男子转过身来，两人相视无言，足足有一分钟。

"什么事？"他问，脸上的肌肉在抽搐。

姑娘一时竟不知说些什么才好。

"什么事？"他再次问道。

"先生，这是我的第一份工作，现在找个事儿做很难，是不是？"姑娘神色黯然地说。男子注视着她，终于，一丝柔和的微笑浮现在他脸上。

停了一下，男子向前一步，把手伸给她。"是的，的确如此。"他回答，"但是我能肯定，你在这里会干得不错。"

他转过身，慢慢走向门口。

姑娘目送着他的身影消失在门外，转身走向柜台，把手中握着的第六枚金戒指放回了原处。

姑娘之所以能成功地要回贫民男子偷拾的第六枚金戒指，关键就在于她站在他们共同的立场来说话，在尊重、谅解对方的前提下，以"同是天涯沦落人"的凄苦言语博得了对方的真切同情。

男子虽是流浪汉，但此时握有打破她"饭碗"的金戒指，极有可能使她也沦为"流浪汉"。因此，"这是我的第一份工作，现在找个事儿做很难"，这句真诚朴实的表白，饱含着惧怕失去工作的痛苦之情，也饱含着恳请对方怜悯的求助之意，最终感动了对方。对方也巧妙地交还了戒指。试想，如果姑娘怒骂这位男子，甚至叫来警察，虽然也能找回戒指，但姑娘的"饭碗"能否保得住，就不一定了。

想做到心理共鸣，就要注意以情动人。感人心者莫不先动之

以情，把关怀之情送进对方心中，形成双方的心理共鸣氛围。这种请求法一般可分为以下四个阶段：

第一，导入阶段。先顾左右而言他，以对方当时的心情来体会现在的心情。

第二，转接阶段。逐渐转移话题，引入正题。

第三，正题阶段。提出自己的建议和想法。

第四，结束阶段。明确提出要求。为了使对方容易接受，还可以指出对方这样做的好处。

用"是"字柔攻对方，几乎百发百中

说服一个人，其实就是改变他的思维方式，当他的想法改变了，自然就会按照你所想的那样去做。女性在说服他人的过程中，柔攻比强攻要有效得多。而在诸多柔攻的方法中，用"是"说话几乎是百发百中，这是为什么呢？

人的思维是有惯性的，当你朝某一个方向思考问题时，你就会倾向于一直按这种模式考虑下去，这就是为什么有些人一旦沉醉了某些消极的想法之后，就难以自拔的原因。所以，当人们不断地讲出"是"之后，就会形成一种相对稳定的心理定式。他们已经把这个说"是"的模式当作他们与我们交流的唯一方式。

由"是"字传递的信息和能量成为了双方友好交流的载体。一旦停止说"是"，这种友好的气氛就会终结，双方的交流就会受到暂时性的破坏。这会让习惯了这种沟通模式的人感到很不舒服。因此，为了使这种友好的互动气氛持续下去，人们也会不断地说"是"。

不信，我们一起来看一下已经连续三次被评为某汽车公司"金牌业务员"的王倩，她是如何成功的。

王倩：请问你需要多大吨位的？

顾客：很难说，大致2吨吧！

王倩：有时候多，有时候少，对吗？

顾客：是这样。

王倩：究竟要哪种型号的卡车，一方面要看你运什么货，一方面要看在什么路上行驶，你说对吗？

顾客：对，不过……

王倩：假如你在丘陵地区行驶，而且你们那里冬季较长，这时汽车的机器和车身所承受的压力是不是比正常情况下要大些？

顾客：是这样的。

王倩：你们冬天出车的次数比夏天多吧？

顾客：可不是，多多了，夏天生意不行。

王倩：有时候货物太多，又在冬天的丘陵地区行驶，汽车是否经常处于超负荷状态呢？

顾客：对，那是事实。

王倩：从长远的眼光看，是什么因素决定买一辆车值不值呢？

顾客：当然要看车的使用寿命。

王倩：一辆车总是满负荷，另一辆车从不超载，你觉得哪一辆的寿命更长些呢？

顾客：当然是马力大、载重多的那辆。

王倩：所以，我建议你买一辆载重4吨的卡车可能更划得来。

顾客表示赞同。

在生活中，人们总是习惯很快地说"是"，而会犹豫很久之后才说"不"。如果我们抓住人们这样的心理，让他一直说"是"，那么即使后来遇到他想说"不"的时候，他也会习惯性地说"是"。

例子中的王倩就充分利用了人们习惯说"是"的心理。她提出的大部分问题对顾客来讲都是无害的甚至是非常有利的。这样，顾客就逐渐熟悉了这种互动的模式，开始了讲"是"的历程。即使他最后预料到了王倩是要把一台大型车卖给他，他还是说了"是"。

我们在与他人沟通，特别是与陌生人进行沟通时，对方能不能答应你的要求，能不能全力帮助你把事情办成，关键是什么？关键是你能否牵着对方的思维跟着你的话题走。这种行为就是"诱导"。

诱导别人的一个绝妙方法就是，从一开始你就要对方回答"是"，而千万不要让他说出"不"来。每个人都有坚持他的人格尊严的习惯。如果他在开头用了"不"字，即使后来他知道这"不"字用错了，但为了自尊，他所说的每句话，都会坚持到底，所以我们要避免使对方一开口就说"不"。

会说话的聪明女人在与他人的相处中要学会循序渐进，用"是"字柔攻对方，一点一点引导别人接受，一点一点诱别人上钩。这样就可以成功地掌握谈话中的主动权，从而使得对方在不知不觉间成为我们话语的"俘虏"。

与人讨论某一问题时，不要一开始就将双方的分歧亮出来，而应先讨论一些双方具有共识的东西，让对方不断说"是"，然后渐渐地提出你们存在的分歧，这时对方也会习惯性地说"是"。

说服人的时候，
"面子"和"帽子"更配哟

　　生活中，难免会遇见亲朋好友为了某些事而发生冲突，这时候，女人往往需要出面调解做和事佬。但是，和事佬并不好做，这是个两边不讨好的差事，如果把握不好说话的分寸，往往会把自己陷进去，成为一方甚至双方攻击的对象。那么，该怎么办才能避免这种情况呢？

　　俗话说："一个巴掌拍不响。"在双方接受由自己来进行调解之后，可以考虑抬高一方，给他戴个高帽，让其主动退出争执，另一方没了冲突对象，矛盾自然化解了。对一方当事人进行夸奖，讲述他曾经有过的可引以为豪的事情，或者他的某些优秀的品质，唤起他的荣誉感和自尊心，使之为了保全面子而主动退出争执。这种方式对于绝大多数受过良好教育的人来说非常有效，因为荣誉和颜面往往是他们很看重的，是他们约束自己的动力。

　　小王与小刘是公司的两位新员工，小王心细，为人处事贴心、周到；小刘性格比较强势，说话做事雷厉风行。两人因一件小事发生争执，小王说不过小刘，并且被小刘训了一顿，觉得非常委屈，就去找她们的部门主任诉苦。

主任听了事情的原委后，先给小王倒了杯水，然后温和地说："小王啊，你脾气好，办事周到，大家都很欣赏你。你是个细致的人，小刘是个直肠子，脾气上来了连自己说了什么都不知道，你怎么能和她计较呢？你一向都非常注意团结同事、不感情用事的，怎么能为了这么点事情就觉得委屈了呢？"一番话说得小王心里又甜又酸，也就不把和小刘争执的事放心上了。

事例中的部门主任就是巧妙地运用了抬高一方的方法化解了纠纷。她先夸奖小王，然后强调小刘和她之间的差距，让小王觉得受到认可，从而轻易化解了两人之间的冲突。

不过，这个调解办法在使用时必须注意不可伤害到另一方的自尊，你对一方的抬高最好不要当着另一方的面说，否则会产生反效果。

对于那些地位显赫、有权有势的人，想要说服他，更要学会先抬高后说服的策略。

古代，有位宰相请理发师给他修面。理发师修面修到一半时，忽然停下刮刀，两眼直愣愣地看着宰相的肚皮。

宰相见理发师傻乎乎发愣的样子，心里很纳闷：这平平板板的肚皮有什么好看呢？就问道："你不修面，却看我肚皮，这是为什么？"

"听人们说，宰相肚里能撑船，我看大人您的肚皮并不大，怎么可以撑船呢？"

宰相一听，哈哈大笑，说道："那是讲宰相的度量大，能容

天容地容古今，对鸡毛蒜皮的小事从不斤斤计较。"

理发师一听这话，"扑通"一声跪倒在地，哭着说："小人该死，方才修面时不小心将大人您的眉毛刮掉了，万望大人大德大量，恕小的一罪！"

宰相听说自己的眉毛被刮了，不禁怒从心起，正想发作，转念一想：刚才自己还讲宰相的度量很大，又怎好为这小事给他治罪呢？于是，只好说："不妨，用眉笔把眉添上就行了。"

聪明的理发师以曲折迂回之法，诱导宰相进入自己设定的能进难退的"布袋"中，使自己避免了一场灾难。

有人说过这么一句话：夸一个人身上不那么明显的品质，或者是凭空捏造出一个优点来夸奖他，要比强行要求他具备这种品质更管用。"就假装他有那种高尚品质吧！"给他们一个好的名声来作为其努力的方向，他们就会用心改变，而不愿看到你的希望破灭。

人人都希望别人赞同自己，而不是事事屈服于别人，被别人说服意味着对方比自己强，因此被说服的人大多是不太愉快的。很多人固执己见常常是因为放不下面子，因此说服之前抬高对方，先满足对方的自尊心和虚荣心，再提出建议，对方便不会觉得受了轻视和伤害，说服自然更加容易了。

妙用各种激将法打"感情牌"，
把把你赢

劝说别人时，女人要善于打"感情牌"，利用对方的情感心理，适当地采用激将法。激将法往往能够使对方感情冲动，而去做一些平常情况下不可能去做的事。激将法之所以有效，是因为它往往能激起对方的愤怒感、羞耻感、自尊感、嫉妒感或羡慕感等，对方在激动之中就会来不及考虑太多而答应我们的请求。所以，激将得当可使你在劝说时起到很好的效果。

巧言激将，一定要根据不同的交谈对象，采用不同的激将方法，如此才能收到满意的效果。犹如治病，对症下药，才有疗效。

一般来说，激将法主要有以下三种类型：

◎利用对方的自尊来激将

面对面直截了当地贬低对方，刺激他，激怒他，以达到使其"跳起来"的目的。

某厂改革用人制度，决定对中层干部张榜招贤。榜贴出后，大家都看着能力、技术俱佳的技术员小李。然而，由于某种原

因，小李犹豫不决。一位老大姐找到他，直言相激："小李，你不是大学毕业的高才生吗？大家都巴望着你出息呢！没想到，你连个产品部经理的位子都不敢接，真是个窝囊废！"

"我是窝囊废？"话音未落，小李就跳了起来，说："我非干出个样儿不可！"他当场揭榜，担任了产品部经理一职。

◎抓住对方的痛处来激将

激将法，确切地说，就是要从道义的角度去激对方，让对方感到不再是愿不愿意去干，而是应该、必须去干。戳到对方痛处就能激发出对方办事的巨大力量。

丹丹想让妈妈给她买一条新牛仔裤，但是怕妈妈不同意，因为她已经有了一条牛仔裤。于是丹丹采用了一种独特的方式，她没有像其他孩子那样或苦苦哀求，或撒泼耍赖，而是一本正经地对妈妈说："妈妈，你见没见过一个女孩，她只有一条牛仔裤？"

这颇为天真而又略带心机的问话，一下子打动了妈妈。事后，这位妈妈谈起此事，说到了自己当时的感受："女儿的话让我觉得若不答应她的要求，简直有点对不起她，哪怕在自己身上少花点，也不能委屈了孩子。"

丹丹一句话就说服了妈妈，满足了自己的需要。在她说这话时，唯一的目的就是要打动妈妈，并没有想到该用什么样的方法。而事实上，她的确戳到了妈妈的痛处，是从母女道义上刺激对方，让其觉得自己的要求是合情合理的，而不是过分的。

◎采用反语来激将

就是正话反说，用故意扭曲的反语和反激的语气表达自己的意见，以激起对方发言表态，达到预期目标的方法。

厂长："总裁先生的魄力，的确比我们这些乡巴佬大得多，简直是一个大如牯牛，一个小如毫毛。这么大的魄力，虽然让我们佩服，但我们实在不敢奉陪，只能回收土地，停止合作。"

总裁："好吧，我再让利一成？"

厂长："不行，按我方投资比例，应当让利两成。"

总裁："行，本公司原则上同意……"

上例中，厂长不说对方"黑心贪利"，而说反语"魄力大"，又以"不敢奉陪"的"哀兵"战术以退为进，迫使对方就范。

人的行为很容易受到情绪的影响，激将法正是通过影响对方的情绪来改变对方的行为，让对方自己主动去做某件事。聪明的女人只要掌握了这种巧妙的说服方法，就可以使说服的效果事半功倍。

以利害打动他人内心

　　人人都有趋利避害的本性，之所以需要说服，就是因为某件事情在对方看来对他有害而无益，或者说好处没那么明显。所以，说服他人时，要从对方的角度出发，把对他有利的方面讲出来，这样最容易达到说服的目的。

　　肿瘤患者放疗时，每周要测一次血常规，有的患者拒绝检查，主要是因为他们没意识到做这种监测的目的是保护自己。

　　一次，护士小王走进病房，说："王大嫂，该抽血了！"

　　患者拒绝说："不抽，我太瘦了，没有血，我不抽了！"

　　小王耐心地解释："抽血是因为要检查骨髓的造血功能是否正常，例如，白细胞、红细胞、血小板的数量是否正常。如果血象太低了，就不能继续做放疗，不然人会很难受，治疗也会中断，这对身体也不好。"

　　患者好奇地问："降低了，又会怎样？"

　　小王说："降低了，医生就会用药物使它上升，就可以继续放疗！你看，别的病友都抽了！一点点血，对你不会有什么影响的。再说血还可以补回来呀。"

　　患者被说服了："好吧！"

通常我们行动的目的往往是为自己，而非为别人。如果能够充分理解这一点，那么想要说服他人就很容易了。只要了解对方真正追求的利益何在，进而满足他的欲望，便可达到目的。相应的，我们在劝阻对方放弃固执、愚蠢、鲁莽、不理智的举动时，也可以摆出利害关系，使对方心服口服。

　　某剧场门前不许卖瓜子、花生之类的小食品，怕污染环境，影响市容。唯有一位年近六旬的老太太例外，用剧场管理员的话说就是："这老太婆年岁大，嘴皮尖，人家叫她铁嘴，不好对付，只好睁只眼闭只眼。"

　　某日，市里要检查卫生，剧场管理员小王要老太婆回避一下，说："老太太，快把摊子挪走，今天这里不许卖东西。"

　　"往天许卖，今天不许卖，世道又变了吗？"

　　"世道没有变，检查团要来了。"

　　"检查团来了就不许卖东西？检查团来了还许不许吃饭？"

　　"检查团来了，地皮不干净要罚款的。"小王加重了语气。

　　"地皮不干净关我屁事，他肥肉吃多了拉稀屎，能去罚卖肉的款吗？"小王无言以对，悻悻而退。

　　管理自行车的刘大姐随后走了过来，说道："老嫂子，你这么一把年纪，没早没晚的，又能挣几个钱呢？检查团来了，真要罚你一笔，你还能打场官司不成？再说，检查团不会天天来，饭可是要天天吃，生意可是要天天做的啊。"

　　老太太想了想，觉得对方说得有理，便把摊子挪走了。

　　案例中的两种劝说方式，一个失败了，另一个却成功了，这其中很有学问。管理员小王之所以劝阻不成，就因为他只是一味地讲些抽象的大道理，却没有站在老太太的角度上耐心地为她分析利弊。而刘大姐就懂得这一点，她从老太太的切身利益出发，向她指出了只顾眼前小利而不进行全盘考虑的不良后果，使老太太心服口服地接受了规劝。

有时候，我们的真诚劝阻之所以没有成功，就是因为我们没有说明对方的固执行为给他自己造成的危害。抓住对方的切身利益进行说服，会使他的心弦受到震动，促使他进行深入思考，从而放弃自己欠考虑的想法而接受你的建议。

用数字来说话，分外有力

平日生活中，用数字说话，可以省去很多口舌，用直接而有力的数据证明你所要说明的问题，更容易让人信服。

一个个、一串串、一组组的数字在人与人的交往中发挥着奇妙的作用。这不仅因为数字清楚、明白，也因为数字说服力强，表达准确；还因为数字被应用于广泛的领域，很少受时空、形式、趋向等外界因素的限制，可以纵比，也可以横比。

数字的客观性使其更具说服力。在求职的时候，用数字说话也会起到很好的作用。例如，把"接管了一个问题成堆的地区后，两年内大大提高了公司产品在这一地区的市场占有率"，说成"接管了一个问题成堆的地区后，我用所掌握的市场营销技巧开发出了新的客户服务项目，并于两年内将公司产品的市场占有率从48%提高至65%"，你会发现后一种表达更具说服力。同简单表示"曾经担任过经理"的应聘者相比，"在一个有25名人员的部门担任经理"的人无疑更令人印象深刻。

用列数字的方式来说明事物的特征或事理，简洁明了，能使说明的事物更精确、更直观、更具有说服力。

1972年，来自纽约的一位女国会议员贝拉·伯朱格进行了一次演讲，呼吁在政治生活中给妇女以平等地位。她说："几个星期前，我在国会倾听总统对全国发表的讲话，在我周围落座的700多人中只有17位女性。在435名众议员中只有1位女性，在100多名参议员中也只有1位女性，而在内阁成员中没有女的，最高法院中也没有女的。"

伯朱格的话很简练，而且大多是数字，正是借助这一连串具体的数字，她有力地摆明了自己的观点，而且远比发表鸿篇大论来得更直接。

生活中数字的威力很大，但是运用时要简洁、精巧，不要乱引用。只要抓住了数字运用的妙法，就能使它在谈话中发挥出意想不到的效果。说话时运用数字，浅显易懂，说服有力，听者不能不为之所动。运用准确的数据才能有力地说明问题。

有段时间，时常会有某地飞机失事的新闻出现，这对于需要经常坐飞机外出的人来说，心理上肯定会有所顾虑。

有一天，在航空公司买机票时，一位乘客开玩笑地向售票员说："最近飞机常常失事，哪天给我碰上了，可就糟了，我看我还是自己开车子，长征讲学吧！"

那位售票员很认真地说："先生，因为飞机失事是件太严重、太不寻常的事，所以发生一次便惊坏了旅客。其实，飞机出事的概率比中奖券还要低得多，连百万分之一都不到。"

"奖券是期期有中呀！难道飞机失事也能班班有？"

"不可能，不可能，飞机引擎刚用的头几年，发生故障的概率会更低。正确地说，飞机失事概率连十亿分之一都不到。"那位售票员肯定地解释道。

　　航空公司的售票员这样一说明，用数字一比方，那位乘客果然镇定多了，不安全感一扫而空。这就是"数字"的力量。
　　所以，在日常交谈中，不必担心运用数字会使得双方的交流氛围变得枯燥，实际上，数字如果运用得当、恰如其分，会有其意想不到的妙处。因此用数字说话，让对方信服吧。

第六章 你得会"包装"
你的拒绝，才不会
无辜遭受白眼

女人，要有说"不"的勇气

在工作和生活中，拒绝别人可能一句简单的"不行，我没空"就能解决问题，但是这种方式有时候会伤害到别人。所以，我们通常不会这么说。尤其是女人，因为不好意思拒绝别人或者想给别人留下好印象，就会轻易许下承诺，可是答应别人之后，又没有做到。久而久之，就失去了信誉，人们也不愿再相信她。会说话的聪明女人从来不会这么做，她们在说话的时候会格外注意分寸，不当"承诺女王"，即使有把握，也不轻易承诺。

30岁出头就当上了著名电影公司董事长的雪莉·茜，是好莱坞第一位掌管一家大制片公司的女士。为什么她有如此能耐呢？主要原因是，她言出必践，办事果断，经常是在握手言谈之间就拍板定案了。

好莱坞经理人欧文·保罗·拉札谈到雪莉时，认为与她一起工作过的人，都非常敬佩她。欧文表示，每当她请雪莉看一个电影脚本时，她总是马上就看，"行就行，不行就不行"，总之很快就会给出明确的答复。即使是她说"不"的时候，也还是把你当成朋友来对待。这么多年以来，好莱坞作家最喜欢的人就是她。但是好莱坞有很多人，给他们看脚本就不这样了，若是他们不喜欢的话，根本不会明确回话，而是让你傻等。

三毛曾说过："不要害怕拒绝他人，如果自己的理由出于正当。当一个人开口提出要求的时候，他的心里根本预备好了两种答案。所以，给他任何一个其中的答案，都是他意料之中的。"

所以，拒绝别人不是一件什么罪大恶极的事情，也不要把说"不"当成是要与人决裂。虽然说"不"难免会让对方生气，但与其答应了对方却做不到，还不如表明自己拒绝的原因，相信对方也会体谅你的立场。

相反，如果面对别人的不合理要求，明明知道自己做不到，却又违心地答应，这样的结果只能是既耽误了解决问题的时间，又失去了别人对你的信任。

某高校一个系主任，向本系的青年教师许诺，要让他们中三分之二的人评上中等职称。但当她向学校申报时，却出了问题，学校无法给她那么多的名额。她据理力争，跑得腿酸，说得口干，还是不能解决问题。她又不愿意把情况告诉系里面的教师，只对他们说："放心，放心，我既然答应了，就一定要做到。"

最后，职称评定情况公布了，众人大失所望，把她骂得狗血淋头，甚至有人当面指着她说："主任，我的中级职称呢？你答应的呀！"校领导也批评她是"本位主义"。从此，她既在系里信誉扫地，也失去了校领导对她的信任。

女人无论在工作还是生活中，都不要轻率许诺。即使许诺也

不要打包票把话说得太满，应为自己留出一定的余地。因为事情总是在发展变化中的，很多事情是我们始料未及的，如果你许下承诺，却没有把事情办好，不仅你自己心里会因为没帮上忙而内疚，别人还会埋怨你耽误事。

那么，怎样承诺才不会有失分寸呢？应该根据具体情况采取相应的承诺方法。以下两种方法可供参考：

◎对把握性不大的事儿，可采取弹性的承诺

如果你对把事情办成功的把握不大，就应该把话说得灵活一些，使之有伸缩的余地。例如，使用"尽力而为""尽最大努力""尽可能"等较灵活的字眼，这种承诺能给自己留下一定的回旋余地。

◎对时间跨度较大的事情，可采取延缓性承诺

有些事情，当时的情况下可以办成，可是时间长了，情况会发生变化，在承诺时就可以采用延缓时间的办法，即把实现承诺结果的时间说长一点，给自己留下为实现承诺而创造条件的余地。比如，员工要求加薪，但你一时无法做出决定，那么就可以这么说："年终结算时，如果公司经济效益好，公司可以给你晋升一级工资。"用"年终结算"一语表示实现承诺时间的延缓，显得既留有余地，又入情入理。

所以，说"不"没什么开不了口的，只要站得住立场，并且对双方都有益，就请勇敢地向别人和自己说"不"吧。当然，当你对别人说不时，切记不要咬牙切齿，绷着一张脸，而应该带着友善的表情来说"不"，才不会伤了彼此的和气。

装傻充愣轻松搞定对方

现实生活中，对他人的一些自己无法实现的要求，或是自己不愿意允诺的事情，本来是应该拒绝的，只是由于人情关系、利害关系等，很难说出一个"不"字。这时，你不妨采用装傻充愣的手段来拒绝。

装傻充愣有两种形式：一种是沉默不语，装聋作哑；另一种就是答非所问，模糊应对。这两种形式都体现了一种大智若愚的拒绝态度。

1953年6月，79岁的英国首相丘吉尔到百慕大参加英、法、美三国会谈。他以自己年事已高为借口，时常装聋，在需要回避的问题上就装作没有听见，不予回答，在感兴趣的问题上就与美国总统艾森豪威尔和法国外交部长皮杜尔讨价还价，使与会者颇感头痛。艾森豪威尔幽默地说："装聋成了这位首相的一种新的防卫武器。"

用装傻充愣表示拒绝时，跟装聋作哑一起上场的就是沉默不语。在处理问题时，沉默具有丰富的内涵，作用也十分明显：

一是可以用沉默来避免冲突升级。当人们因被拒绝而致使双方产生冲突时，如果一方保持沉默，即使有理也暂时不争，让对方没有争吵的对象，那么也就避免了冲突进一步升级。这样做既阻止了矛盾的激化，还给双方日后的相处留下了余地。

二是沉默可以用来做暗示性表态。如果对方提出一种意见或处理办法，但你并不完全赞同，可是出于全面考虑，你又不能明示反对，这时就可以采取适度沉默的方式，让对方从你的沉默中明了你拒绝的态度。这种沉默看似不偏不倚，但聪明人却可意会神通，知道自己的要求令你为难，十有八九办不成。其实沉默就是不同意、不支持，此时你们已经心照不宣，也就不用因固执己见而伤了和气。

一天，某房地产公司的销售员唐英主动去拜访已经联系了很久的潜在客户刘先生，想把之前他们一直在谈的一处房产的单子签下来。

刘先生听完唐英前来的目的之后，并没有做出"买"或者"不买"的直接回答，而是从桌子上拿起一些类似纤维的东西给唐英看，并解释说："你知道这是什么东西吗？"他似乎瞬间忘记了唐英上门的目的。

"不知道。"唐英回答。

"这是一种新发现的材料，我想用它来做一种汽车的外壳。"

接下来，刘先生详详细细地向唐英谈论了这种新型汽车制造材料的来历和好处，又诚诚恳恳地讲了他明年的汽车生产计划。刘先生大概谈了有二十多分钟，虽然他说的这些内容唐英并不能完全听懂，但刘先生的情绪感染了唐英，她感到十分愉快。

最后，刘先生对唐英说："我不想买那处房产了，我想把资金用在购买这种新材料上，用它来制造一种具有独特外壳的高端汽车。"唐英听后就没有再劝刘先生买房产，而是祝他的计划成功，便离开了。

刘先生的高明之处就在于，他没有一开始就回绝唐英。如果那样，唐英一定会滔滔不绝地劝说他买那处房产。刘先生采取了答非所问的方法，故意回避唐英的问题，转而谈论自己的新汽车计划。在谈话气氛十分融洽的基础上点明自己拒绝的原因，让唐英没有理由再劝说，不失为高明之法。

怎样在自己力所不能及的事情上，合情合理地拒绝别人？这是一门艺术，更是与人相处的科学，值得我们每一个人好好学习。

"拖"，拒绝别人的有效方式之一

礼貌又不伤人的拒绝是有效的社交沟通要点之一，在日常生活交流中举足轻重。它既能清楚表达自己的意思，又可避免令对方陷入被拒绝的失落之中。拖延、淡化就是一种行之有效的不伤害别人的拒绝方法。当别人提出请求后，不必当场拒绝，你可以说："让我再考虑一下，明天答复你。"这样不仅使你赢得了考虑如何答复的时间，还会让对方认为你是很认真地对待这个请求的。

某单位一名职工找到上级要求调换工种。领导心里明白调不了，但他没有马上回答说"不可能"，而是说："这个问题涉及好几个人，我个人决定不了。我把你的要求提交上去，让厂部讨论一下，过几天答复你，好吗？"

这样回答可让对方明白调工种不是件简单的事，存在着两种结果，使对方思想上有所准备，绝对比当场回绝的效果要好得多。

张燕是一家汽车公司的销售主管，有一次，她在跟一个大客户谈生意时，对方突然要求看自己公司的成本分析数据，但这些数据是公司的绝密资料，是不能给外人看的。可如果不给这位大客户看，势必会影响两家公司的和气，甚至会失去这位大买主。张燕想了想，对客户说："这个……这样吧，我向上级请示一下，争取下次有机会给你带来。"张燕的回答既没有伤大家的和气，又没有泄露公司的机密，一箭双雕。

说到拒绝，最难的恐怕是拒绝身边的亲戚，拒绝的话说不好就可能被骂冷漠，埋怨你连一点小忙都不肯帮，甚至还可能把那些陈芝麻烂谷子的事翻出来说你不懂知恩图报。所以，一家人之间那些可能伤感情的话不能说得太直白，此时采用拖延战术不失为一种比较好的策略。

周雯下岗后，自己创业，利用政府的优惠政策开了一家日用品商店，起早贪黑把商店经营得红红火火，收入颇丰，生活也慢慢有了起色。周雯的表叔是个游手好闲的赌徒，经常把钱输在麻将台上。这段时间，他手气不好又输了，他不服气，还想扳回本钱，又苦于没钱，就把眼睛瞄准了周雯的商店。

一天，表叔来到店里对周雯说："我最近想买辆摩托车，手头缺5000块钱，想在你这儿借点钱，过段时间就还。"周雯了解表叔的嗜好，借钱给他无疑是肉包子打狗，何况店里也还得用钱周转，于是周雯就敷衍说："好！过一段时间，等我先把银行到期的贷款还了，就借钱给你。银行利息那么高，可是拖不起的。"表叔听她这么说，只好暂时作罢。

周雯不说不借，也不说马上就借，而是说过一段时间，等支付银行贷款后再借。这话包含多层意思：一是目前没有，现在不能借；二是我也不富有；三是"过一段时间"不是确指，到时借不借再说。表叔听后心里已经很明白了，但他并不心生怨恨，因为周雯并没有说不借给他，只是过一段时间再说而已。

　　由以上例子可见，会说话的女人在拒绝别人时，都善于用时间来做挡箭牌，慢慢拖延，使之淡化，即使对方再次提出要求，也有缓冲的时间来做准备。

找个人替自己说"不"

拒绝别人的话之所以难以说出口，主要是因为担心伤害彼此的关系。虽说拒绝别人有多种技巧，但还是难免造成不快。其实，有的时候你根本不用绞尽脑汁去想那些拐弯抹角的拒绝方式，只需要将事情无法达成的原因转移到第三者的身上，即借用"别人的意思"拒绝对方，来表明自己心有余而力不足。既然是由于第三者的阻碍而无法达成，自然不会伤害你们两人的感情。

那么在什么情境下，适用我们上面提到的方法呢？答案是：有些问题自己直接说"不"，效果可能适得其反，同时又无间接拒绝的理由可用时，就可以以一个与问题不直接相关的人的名义来说"不"。比如，可以说"我的朋友说……""我的同事说……""大家都认为……"其实，这些所谓的"朋友""同事""大家"可以是根本就不存在的人。这种说"不"的方式，在很大程度上能消除人们的心理障碍，使问题得以顺畅地解决。

某造纸厂的推销员去某大学推销纸张，推销员找到他熟悉的总务处长，恳求对方订货。总务处长彬彬有礼地说："实在对不

起，我们学校已同某国营造纸厂签了长期购买合同，学校明确规定不再向其他任何单位购买纸张了，我也只能按照规定办。"

这样一说，拒绝对方就不是总务处长的意思，他把责任全部推到了"学校"那里——学校的规定，谁也无法违反。事情就是这么简单。

此外，我们在找替自己说"不"的人时还需要一些讲究，你找的人最好是比较权威的人。生活中有些人和事，只有从比较权威的人口中说出的"不"才能镇得住。比如，出于工作需要，你要去跟进某一位领导的工作进度，而他正好是一个欺软怕硬、专看上级脸色行事的人。作为下属，你不妨这样说："王局长让我来问问，你们处的工作报告写好了没有。"这样一来，迫使他不得不以认真的态度来回答问题，而你自己也不会被他压住了气势，因为你的身份已经转换为"传话者"而非"办事者"，纵使他心里不情愿，鉴于领导的压力，也不敢对你太无礼。

当然这一招也不能乱用，而且最好是用来拒绝陌生人或者不是很熟悉的人，比如某个推销员或者刚认识的一个还不清楚底细的朋友。如果是很熟悉的知根知底的朋友，你也借别人的嘴巴来拒绝，让朋友知道了，就会觉得你做作、不够真诚，从而对你的印象大打折扣。毕竟大家都不愿意跟为人很假又爱作的女人相处。

找个人替自己说"不"，以别人的身份表达拒绝之意。这种方法看似推卸责任，却很容易被人理解：既然爱莫能助，也就不便勉强。

一位和善的家庭主妇说，巧妙拒绝的艺术使她一次又一次获得了宁静。每当推销员找上门来，她都彬彬有礼但态度坚决地说："谢谢你来推销，但是我丈夫不让我在家门口买任何东西。请你理解我一个做妻子的难处。"这样，推销员就知道了该主妇肯定不会买他的商品，而且被拒绝的推销员并不只是他一个人，因此也就不会再在主妇身上费时间推销下去了。

所以，每个女人都可以在必要时虚构一个"后台领导"，把自己的意愿归到他身上，适当地弱化自己的地位，表现出一种对决策的无权控制，从而全身而退，拒绝效果也会立竿见影。总之，当你在人际交往中遇到那些不想说而又不能以自己之口直接说"不"的问题时，最好借别人之口说出来，这样既维护了你的自身形象，也能取得良好的办事效果。

先说几句暖心话，
就算回绝也显得自己没那么冷血

　　人际交往中，女性朋友们经常会遇到这样的情况：对方提出的要求并不是不合理，只是因条件的限制而无法予以满足。在这种情况下，女性朋友在拒绝对方时可以采用"先承后转"的方法，先说几句暖心的话，使其精神上得到一些宽慰，然后再说拒绝的话，这样就不会让自己显得那么不近人情。

　　李婷和王静是大学同学，毕业后两人一直没有来往。李婷这几年自己创业挣了一些钱。一天，王静突然打电话给李婷提出想借钱的请求。李婷很犯难，借吧，怕担风险；不借吧，同学一场，又不好开口拒绝。思忖再三，最后李婷说："你在困难时找到我，是信任我、瞧得起我，但不巧的是我刚刚买了房子，手头一时没有积蓄，你先等几天，等我过几天账结回来，一定借给你。"

　　当别人发出请求，但你确实没有办法给予帮助时，回绝的时候一定要考虑到对方的实际情况和他当时的心情，要避免使对方恼羞成怒，或造成误会。就像例子里的李婷，先说明自己的实际情况，再提出拒绝，会让对方更容易接受。

有时候鉴于一些客观事实，拒绝对方的要求是合情合理的，但是为了安抚对方失望或者恼怒的心情，拒绝时可以先从感情上表示同情，然后再表明自己的无能为力。

黄女士是一家航空公司的售票员，随着"十一"长假的到来，乘坐飞机的旅客与日俱增，黄女士时常要拒绝很多旅客的订票要求。每每拒绝时黄女士总是带着万分同情的心情对旅客说："我知道您需要坐飞机，从感情上说我也十分愿意为您效劳，但票已订完了，我实在无能为力。欢迎您下次再来乘坐我们的飞机。"黄女士的一番话使得旅客再也提不出意见来。

先用肯定的语言去赞赏别人的一些想法和要求，然后再来表达你不得不拒绝的原因，这样你就不会直接伤害到对方的感情和积极性了，而且还能使对方更容易接受你的拒绝，同时也为自己留下了一条退路。

除此之外，女性朋友还可以采用下面一些话来表达你的意见："这真的是一个好主意，只可惜由于……我们不能马上采用它，等情况好了再说吧！""我知道你是一个体谅朋友的人，如果你对我不信任，认为我没有能力做好这件事，你是不会找我的，但是我实在忙不过来了，下次如果有什么事情我一定会尽全力来支持你！"等等。避免直接，采取先承后转的拒绝方式，不仅达到了拒绝的目的，也可以使双方不伤和气。

对于他人的无理要求，
你要这样拒绝

俗话说："有理走遍天下，无理寸步难行。"不过，在现实生活中，我们却总会遇到一些无理的要求。很多时候，这些要求会让我们不知所措。盲目答应当然不行，因为这会导致自己心生委屈而产生消极能量，影响自己的办事效率；严厉地拒绝也非最佳之选，因为这会引起双方的矛盾，阻碍双方之间的沟通。

那么，怎样才能解决这个棘手的问题呢？下面的两种解决方式可以使你既能拒绝对方，又能不惹恼他，是处理这类难题的首选。

◎采取"略地攻心"的方法，让对方主动放弃

一位语文老师的弟弟因为一场纠纷被人告上了法庭，而接案的法官恰恰是她昔日的得意门生。一天晚上，这位老师前往学生家，希望他能念在师生的情面上，帮帮她弟弟。这位学生显然有些为难，既不能枉法裁判，又不能得罪恩师。于是，他说："老师，我从小学到大学毕业，您一直是我最钦佩的语文老师。"

老师谦虚地说："哪里哪里，每个老师都有他的长处。"

学生接着说："您讲课抑扬顿挫，声情并茂。尤其是上《葫芦僧判断葫芦案》那一堂课，至今想起来仍记忆犹新。"

老师很快就进入了她教师的角色："我不仅用嘴在讲，也是用心在讲啊。薛蟠犯了人命案却逍遥法外，反映了封建社会官官相护、狼狈为奸的黑暗现实。"

学生接着感叹道："记得当年老师您讲完这一课，告诫所有学生，以后不论谁做了法官，都不能做'糊涂官'，判'糊涂案'，学生一直以此为座右铭呢。"

本来这位语文老师已设计好了一大套说辞，但听到学生的这番话，再也不好意思开口了，自动放弃了不合理的请求。

这位学生用的就是"略地攻心"的技巧，先用一句恭维的话，给老师戴一个"高帽"，让其心理上获得满足；接下来又顺着老师的话提出自己的看法。这时，老师为了对自己说过的话负责，为了维护身为教师的尊严，不得不放弃了自己的请求。

◎采用"类比"的方法来反驳对方

A公司的经理在一次业务谈判中受到了B公司的谈判人员的顶撞。为此，他气冲冲地找到B公司的经理，吼道："如果你不向我保证，撤销上次那个蛮横无理的谈判人员的职务，就是没有诚意和我公司达成协议！"

B公司的经理听了微微一笑，说："对于谈判人员的态度问题，是批评教育还是撤职处理，完全是我们公司的内部事务，无须向贵公司做什么保证。这就如同我们并不要求你们的董事会一

定要撤换与我公司谈判人员有过冲突的经理的职务，才算是你们具有与我公司达成协议的诚意一样。"

　　怒气冲冲的A公司经理顿时哑口无言。在这里，B公司经理就巧妙地运用了类比的技巧。虽然说这两家公司有很多不同之处，但有一点却是相似的，即两家公司对发生冲突的经理或谈判人员的处理完全是各公司的内部事务，与有没有诚意合作无关。前者属于过分曲解事实，想要故意混淆视听，搅乱后者的思路。但是，后者保持着头脑的清醒，没有上当。

　　在与他人沟通的过程中，我们总会遇到提出无理要求的人。这时，女人需要保持清醒的头脑，不要被对方搅得思路大乱，或者一时心软就答应对方，但日后又后悔不已；要理智地分析事情的重要性，坚持自己的立场。这样，我们就可以条理清晰地表达出自己的观点，从而使自己在交往中处于有利的地位上。

第七章 冷场了，
再打开火
炒热就好了

自嘲，自信女人特有的品质

有人说，说话的最高境界便是幽默，而幽默的最高境界就是自我解嘲。所谓自我解嘲，就是拿自己开玩笑，调侃自己。这样的幽默是最难得的，而敢自嘲的女人更是魅力四射。

通常来说，女人都脸皮薄，不愿意调侃自己，因为那样会显得有点轻贱自己。而对于那些真正自信的女人来说，是不在乎这些的，反而经常拿自己来调侃。因为自信，所以不觉得调侃自己有任何问题。

自嘲是一种高明的艺术，当自己不小心制造了尴尬时，与其让别人嘲笑，不如自贬自抑，从而堵住别人的嘴巴，化被动为主动。当我们遇到不知所措的状况时，如果你过分掩饰自己的失态，反而会弄巧成拙，使自己越发尴尬，而以漫不经心、自我解嘲的口吻说几句取悦于人的话，则可以活跃气氛，消除尴尬。

有一次，十多年没见的老同学聚会，因为大家都是好朋友，所以说起话来没什么顾忌。一位女同学打趣地问另一位女同学："听说你丈夫是大老板，什么时候请我们到大酒店吃一顿啊？"她的话刚说完，这位女同学就有点不安起来。原来这位女同学的丈夫前不久因发生意外去世了，但这位开玩笑的女同学并不知道，这玩笑就显得有点过火。

得知真相后，开玩笑的女同学觉得非常尴尬和内疚，不过她迅速回过神来自我调侃地说："你看我这嘴，十几年过去了，还和当学生时一样没有把门的，不知高低深浅，只知道胡说八道。该打嘴！该打嘴！"那位女同学见状，大度地原谅了老同学的唐突，苦笑着说："不知者不为怪，事情已经过去了，现在可以不提它了。"女同学便忙转换话题，从尴尬中解脱了出来。

大多数人制造尴尬都不是恶意的，就像上面例子中说错话的女同学，并不知道自己老同学的老公遭遇不测，只是不小心说错了话。所以，交流中如果真的一不小心戳到了别人的痛处，就应该尽快采取补救措施，比如也戳一下自己的痛处，自嘲一番，这样就可以让对方心里好受点。

某女生寝室，新生正在分床位。李慧见比自己小几天的王月排在最末的床位，便说道："好啦，你排在最末，是咱们寝室的宝贝疙瘩，你又姓王，以后就叫你'疙瘩王'啦。"说者无心，听者有意，原来王月长了满脸的疙瘩，每每深以为恨，此时焉能不恼？李慧见惹来了风波，心中懊悔不已，但表面上却不急不恼，揽镜自顾道："'蜷在两腮分，依在耳翼间，迷人全在一点点'。唉，我这真是'一波未平，一波又起'呀！"王月听了，不禁哑然失笑，原来李慧长了一脸的雀斑。

李慧巧借诗句机智地化解了尴尬的场面，其随机应变的灵活

头脑令人叹服。如果我们在说话时无意中触到了他人的痛处，那就也挑自己的痛处戳一下，并且以幽默风趣的话语表达出来，不仅能让对方心里好过一点，也能缓解尴尬的气氛。

可见，自嘲是化解尴尬的良药，也是弥补自己不足的高招。庸俗的女人以取笑别人为乐，在别人尴尬的时候用奚落言语落井下石；聪明的女人则取笑自己、抬高别人，大大方方地化尴尬于无形，融洽气氛，增进彼此的了解和友谊。自嘲是一种幽默，懂得幽默的女人惹人爱，懂得自嘲的女人更加惹人爱。

沉重的话题轻松聊，
考验情商的时候到了

　　生活不全是没完没了的痛苦，但也不可能是天天好事连连，大概绝大多数女人会认为生活是痛并快乐着的。平常聊天时我们不会刻意挑沉重的话题，但是如果刚好在某些特殊的场合碰上了，也没必要以一副苦大仇深的样子来说。这个时候，如何把沉重的话题以轻松的口气进行交谈，最能体现一个女人的高情商、会说话。

　　杨澜主持的《天下女人》之盲人教授杨佳那期节目，向观众展示了杨佳既艰难又幸福的人生。杨佳，1963年出生，中国科学院研究生院教授，联合国残疾人权利委员会副主席、第十一届全国政协委员、中国科学院十大杰出妇女、中国盲人协会副主席。

　　杨佳19岁大学毕业留校任教，24岁成为中国科学院最年轻的讲师，但在29岁时不幸失明。她毅然选择在困境中重生，克服种种困难，付出比别人多几倍的心血和汗水，不仅重返讲台教博士生，组织科研项目，还成为了哈佛大学建校300年来第一位获MPA学位的外国盲人学生。

　　杨佳如此艰难曲折的人生，既让人佩服，又让人心疼，许多人情不自禁地流下了泪水。面对这样一个场面，杨澜意识到不能

这么沉重下去，应该停止悲伤，给人希望和力量。

当大家感动于爸爸对杨佳多年来默默的奉献，都在流泪时，杨澜先是以一句"我觉得老爸爸特棒，你看他那精神头，腰板特直，叔叔您年轻时候是帅哥吧"肯定了杨爸爸的付出，并给予了赞美，接着转换话题说道："我还有个问题想问杨佳，当一个人的眼睛看不着的时候，他对这个世界的感知会发生什么变化吗？当然我们都知道，失去视力在各种残疾当中，我觉得是最残酷的一个。但是，比如说，你现在对声音非常敏感，对吧。"

杨佳："对。"

杨澜："然后你所感知的这个世界，与我们这种成天五光十色的，看到的有什么不一样，它甚至可能会让你对这个世界的认知更清楚一点，这是我的猜测。"

杨佳："你的猜测非常正确。据我自己后来的这一段经历，引用你之前主持的《正大综艺》节目时说的，就是'世界真奇妙'，我变成了用另外一种方式来看世界，去领悟世界。"

杨澜："不，你应该这么说，当初我是说'不看不知道，世界真奇妙'，你要说'不看才知道，世界真奇妙'。"说着，全场笑了起来，并报以热烈的掌声。

杨佳背负了太多艰难的人生，必定会让现场的谈话氛围变得沉重和压抑，而杨澜却能用两句诙谐的谈话扭转了现场的悲伤沉重，重新赢取观众的笑声与掌声。这就使得谈话积极轻松了许多，而且能给人一种乐观向上的勇气。

其实，在生活中也是如此。即使你是一位柔弱的女子——不论是为人母或是为人女，是教师或是学生，是售货员或是消费者，是女强人或是小白领，等等，面对人生中大大小小的挑战，幽默都能赋予你战胜困难的力量。所以，在聊沉重的话题时，会说话的女人都能通过幽默来获取举重若轻的力量。

在沟通过程中，幽默的力量就像我们打开电灯开关，电力便沿着电线输送到机器上一样，只要按下幽默的按钮，就能促使一股特别的力量源源而来。我们可以把这股幽默的力量导向他人，并与他人直接沟通。

那么，我们如何做，才能将沉重的话题诙谐地说出来，从而让谈话气氛轻松起来呢？

首先，沉重的话题大多为生活中的烦恼与困难，我们要敢于正视这些问题。每个人都应该先去找解决的办法，而不是畏难、止足不前。要想创造诙谐的氛围，来谈论沉重的话题，我们必须学会以笑来代替苦恼，快乐地生活，以轻松的心态面对自己、面对困难。

其次，要善于从积极的角度来思考问题。我们在谈论沉重的话题时，要运用积极向上的思维方式来减轻沉重感，让人感受到正面的、乐观的鼓励，而不是悲伤的、廉价的安慰（或同情）。

这个时候，幽默往往可以发挥令人意想不到的效果，它能增进交谈双方的感情，调节气氛，制造亲切感，还可以消除谈话者的悲伤和低落感，使他们超越痛苦，积极快乐地面对一切。幽默是沉重话题的添加剂，关键就在于你能不能发现其中的幽默点，并且用恰当的话语表达出来。

生活有时是相当艰苦无趣的，富有幽默感的女人都善于苦中作乐，用幽默作为艰苦生活的调味剂，鼓励自己克服困难，渡过难关。

话不投机，及时转弯

交流中一旦出现冷场的局面，需要两个人共同配合才能打破僵局。交流是两个人的事情，所以你不能等着对方为交流负起全部责任。特别是当出现的冷场是因为你的失言时，你要先了解一下对方的心理和情感，以免转移到一个同样会激发对方不悦之情的话题上，然后顺着对方的心理适时地调整话题的方向，逐步寻找到双方的共同话题，从而使得聊天再热络起来。

燕子的男朋友曾有过一次痛苦的爱情经历，他对一个女孩爱得如醉如痴，可是，对方却脚踏两只船，最终抛弃他跟别的男人走了。

一次，燕子与男朋友约会时，问他："你对爱情中的普遍撒网，重点逮鱼，怎么看？"没想到她话一出口，男朋友不但没搭理她，脸色霎时变得好难看。燕子知道她误入了男朋友的雷区，赶紧补充道："啊，请别介意，我是说，我有一个讽刺对爱情不忠的故事要讲给你。故事说有一个对老公不忠的女人，经常趁老公不在家时把情夫带回家过夜，但又时常担心老公会发觉。所以，有一天晚上，她突然从梦中惊醒，慌忙推着身边的老公说

'快起来吧，我老公回来了。'等她老公也从梦中清醒，她一下子傻了眼。"还没等燕子话音落下，男朋友已被她的幽默故事给逗乐了。

在这里，燕子运用故事首先转移了两人的谈话方向，然后用幽默的感染力淡化了因她说话不慎而给男朋友带来的不快情绪，赢得了心上人的开心一笑。

交流中最尴尬的局面莫过于双方无话可说。无话可说有时候是因为一方对另一方所谈论的话题根本不感兴趣，有时候是因为我们说的意思和对方的理解有偏差，有时候是因为我们缺乏在某些特殊情景下的沟通技巧，有时也会因为你说的话触及了别人的雷区，而造成别人的不愉快，导致冷场。良好的沟通需要双方在适当的时候分别扮演起发送信息者和接受信息者的角色，这就需要我们掌握一些聊天技巧。

◎及时拿自己开涮，以幽默的方式摆脱冷场

必要时可以先幽自己一默，即自嘲，开自己的玩笑；也可以发挥想象力，把两个不同事物或想法连贯起来，以产生意想不到的效果。

◎用聊天的方式，同一两个人谈谈家常，引出众人关注的话题

女人之间的话，你可以把话题转到她们的发型、身材或服装打扮上，这是女人们聊天的黄金话题。

◎察言观色，寻找共同点

当双方因为不是很了解对方而造成冷场时，你就要学会察言观色，以话试探，寻找共同点，抓住共同话题。

◎**让对方感到被尊重**

如果是自己讲话时被干扰而不便继续交谈产生了尴尬，你可以耐心等待，等恢复谈话后问一句："刚才你要说什么？"如果是我们自己不小心打断了对方，那么向对方道歉的同时，记得提醒对方刚才他讲到了什么地方，让对方感受到他说的话是被尊重的，这样就不会冷场。

◎**自信、自然**

化解冷场局面时，你要表现得自然，要不着痕迹地、轻松地转移话题，使人家不觉得你是刻意的，否则就会加剧冷场和尴尬。

此外，会说话的女人在打破冷场时还应注意以下几点：

有的女人喜欢把自己端得很高，其姿态仿佛云端上的女神俯视一切，这会让聊天的人即使想亲近也不敢贸然开口，从而造成双方的沉默。这时，女人应尽量主动、随和一些，毕竟是聊天又不是谈判。

有的女人自己肚子里没多少墨水也不是美若天仙，却一副自骄自傲的态度，盛气凌人，使对方反感，而造成了对方的沉默。这时，女人则要注意谦虚，多想想自己的短处，适当褒扬对方的长处。

有的女人讲起话来口若悬河、漫无边际、无休无止，好像多少年没人听她说话一样，只顾自己说得开心而不管对方作何感受，导致了对方的沉默。这时，女人则应注意自己讲话要适可而止，给对方说话的机会，不要让人觉得你是在做单方面的"传教"。

有的女人凭着自己真有两把刷子就喜欢到处卖弄，遇到自己专业方面的话题就满嘴的专业术语，唯恐别人不知道她是这方面的专业人士。她自己倒是说得痛快，但别人觉着很无趣。这时，你应该用"请教"的语气说话，让对方有优越感，这样就会引出对方的滔滔话语。有时装作不懂的样子，往往就可以听取到他人更多的意见。一般人的心里总是喜欢教人，而不喜欢受教于人。

冷场在所难免，优雅女人应该学会一些打破冷场的方法。这样在遭遇冷场的时候，你就不必窘得跟个小丑似的，恨不得赶紧找个地缝钻进去，而是可以灵活地运用这些技巧，再加上淡定的心态，轻松地把气氛再次炒热。

让人无法说"No"的顺水推舟术

女性在语言表达能力上比男性更有优势，然而"言多必失"，不少女性说话总是不分场合、地点，或者触犯别人的忌讳，令自己处于尴尬的境地，不知道如何挽回，给别人留下非常不好的印象。

如果说错了话，确实很难挽救，不妨借题发挥一下，有意地凸显错处，借机大做文章，为自己的话找到最佳效果的解释。这种方法妙在一个"借"字，难在一个"发挥"上，借什么样的"题"，如何发挥，这就是关键所在。借题发挥得好，尴尬就会轻松散去。

谭月去一家中外合资公司应聘，一位负责接待的先生递过名片，谭月神情紧张，匆匆一瞥，脱口而出："藤野拓先生，您身为日本人，抛家别舍，来华创业，令人佩服。"那人微微一笑，说："我姓滕，名野拓，地道的中国人。"

谭月顿时面红耳赤，无地自容。幸好，她反应很快，短暂的沉默后，连忙诚恳地说道："对不起，您的名字让我想起了鲁迅先生的日本老师——藤野先生。他教给鲁迅许多为人处世的道理，让鲁迅受益终身。今天我在这里也学到了难忘的一课，那就是'凡事认真'，希望滕先生在以后的工作中能时常指教我！"滕先生听了谭月的这一番解释，不禁点头微笑，谭月也如愿以偿获得了自己想要的工作。

谭月的错话已经出口，在简单致歉后，立刻聪明地转移了话题，有意借着对方的名字加以发挥，巧妙地将话题引向了鲁迅的老师藤野先生，既消除了她将对方误当作日本人的尴尬，又语义双关，诚恳地检讨自己的不认真，同时又不失时机地暗示了愿在该公司服务的愿望，真可谓一语三得。

某公司销售部为公司签订了一笔大单，部门领导很高兴，于是决定组织部门员工集体聚餐并且饭后一起去唱歌。在KTV，下属们给领导点了他最拿手的一首歌，于是领导兴致勃勃、声情并茂地唱起来。就在领导正唱到音乐高潮的地方，正在点歌的小张一不小心点到了切歌，不知情况的其他人包括领导都朝小张这边盯了过来。小张顿时傻眼了，不过幸好他头脑灵活，只见他假装一脸疑惑地看着同事们淡定地说道："我还以为是原唱呢，我听没人唱就切了。"就这样，小张以一句无比机智的幽默话语既拍了领导的马屁，又化解了尴尬。

小张知道因为自己的一时手误很可能引发领导对自己的不满，然而关键时刻，他就地取材，将自己的误点切歌行为顺势归咎为把歌声当成了原唱，既为自己的失误找到了恰当的理由，又很好地恭维了领导的歌唱水平，不能不说是一条妙计。

女人要想成功摆脱令人难堪的尴尬处境，临危不乱的心理素质和机智高超的说话技巧缺一不可。当然，这有一定的难度，但也是必须要掌握的。不是所有女人在深陷尴尬境地不知所措时都会有王子骑白马来把你华丽接走，所以，还是学点儿小本领自己做自己的神吧。有效的解围技巧能使一时的失误及时得以补救，从而创造良好的人际关系。

◎ **将错就错，顺水推舟**

当说错了话或做错了事，又没有别的办法可以弥补时，不妨顺着这个既定的话题说下去，看当时情境中有没有可在自己的话中借用的事物，尽量把自己的失误往美好吉祥的一面解释。或者在错的地方大做文章，将听者引入新的情境中去，从而使自己顺利摆脱尴尬的场面。

◎ **勇敢面对，不要回避和掩饰**

失言后，为自己打圆场时不能刻意回避和掩饰。如果是细枝末节的问题，不妨用转移目标或话题的办法，岔开别人的注意力；如果别人已有所觉察而问题并不严重，稍作解释一下即可；如果性质较严重而且已引起了别人的不快甚至反感，就要立刻当场予以解决，拖得越久，后果越严重。

并非所有的尴尬都能立即当场化解，切忌"犹抱琵琶半遮面"刻意来进行掩饰，最好是公开道歉，用坦率、真诚赢得他人的谅解。

说些软话，避开针锋相对

　　不管是生活中还是工作中，有的时候你知道是对方做错了，你当然可以指出他的错误，但是话如何说才能避免引发一场口舌之战，就要看一个人的说话水平了。如果是因为没有讲究方式方法，而造成跟同事、家人、朋友关系的紧张，就要考虑自我调整。有时候你只要转换一下表达方式，将刺耳的"多管闲事"转换成善意提醒的软话，效果就会好很多。

　　孙倩在职场上已经"浮沉"了好些年，也遇到过各种各样的人和事，本来应该也算是一个交际能手，但不知为什么，她总是很容易得罪人。她心里总搁不住事儿，有什么就说什么，从来不会隐瞒自己的观点。

　　有的同事把茶水倒在纸篓里，弄得一地是水，她会叫他不要这样做；有的人在办公室里抽烟，她会请他出去抽；有的人爱没完没了地打电话，她就告诉他不要随便浪费公司的资源……她这样做是出于好心，因为如果让经理看见了，不是一顿责骂，就是被扣奖金。

　　可是，好心没好报，她这样做的后果是把同事们都给得罪了。每个人都对她一大堆的意见，甚至大伙一起去郊游也故意不

叫她。有一次她实在气不过，就向经理反映，没想到经理也不怎么支持她，弄得她在公司里更加被动了。她非常想不通，明明自己是实话实说，为什么会弄成这样？真是好心被当成了驴肝肺。

孙倩的这种为人处事的方式其实在我们生活中很普遍，也很容易理解。我们平时工作、生活离不开与人打交道，有时候看不惯对方的行为就会不假思索地指出来。其实，这是一种欠考虑的行为，特别是在与同事相处时，如果总是对别人的行为挑三拣四，那就很容易被同事们孤立。所以，要想有好人缘，就需要你有一颗包容的心，能够说几句软话解决的就不要针锋相对地争执。

一位顾客在商场买了一件外套，一星期之后却拿着衣服返回商场要求退货。其实，那件衣服她已经穿过一次并且洗过，可她坚持说"绝对没穿过"，态度也很不友善。

售货员检查了那件衣服，发现有明显的干洗过的痕迹。但是，直截了当地向顾客说明这一点，顾客是绝不会轻易承认的，因为她已经说过"绝对没穿过"，而且精心地伪装过。再者，如果直接说破，也会让她感到没有面子，进而引发双方起争执。

于是，聪明又善解人意的售货员绕了个弯子，说了段软话，并没有跟顾客正面冲突："这位顾客，我知道您说的是实话，可是有可能是您的家人误把这件衣服送去干洗店洗过，因为这件衣服的确看得出已经被洗过了。不信的话，可以跟店里同款的其他衣服比一比。前几天我家就发生过一件这样的事情。我把一件刚买的衣服和其他衣服堆在一块，结果我老公没注意，把这件新衣服和一堆脏衣服一股脑地塞进了洗衣机。我觉得可能你也会遇到这样的事情。"

顾客看了看证据，知道无可辩驳，而售货员又为她的错误准备了借口，给了她一个台阶下。于是，她顺水推舟，收起衣服走了。

售货员如果没说这段软话，直白地揭穿顾客的"伎俩"，再强硬地驳回对方的要求，换来的只会是一场尴尬和不欢而散。现实中，人们普遍存在着吃软不吃硬的心态。特别是性格刚烈的人，如果你说话"硬"的话，他可能比你更硬；你如果来"软"的，他反倒会于心不忍，也就有话好好说了。

软话的威力可见一斑，那么是不是任由我们随意说软话呢？答案当然是否定的，软话要会说，说得恰如其分，才能服人心，发挥作用。

首先，把握好度。软话归软话，但仍要含蓄地指出对方的错误，同时还要照顾对方的面子。如果分寸把握不当，不但自己给人留下不好的印象，也会使对方很难堪。

其次，内含道理。有很多时候，你要想劝服人，说软话要比说硬话效果好得多。然而，软话并不是低三下四地哀求，而是一种斗智，是一种心理交锋，通过温柔的语言启发、开导并使对方按照你的意思行事。

会说软话、敢于说软话体现了一个女人的极高素养。在正常情况下，人的度量大小是很难表现出来的，而在面对一些让自己感觉不舒服的人或事时仍能用平和的语气、得体的语言表达自己的不满的人，他的宽容大度一下子就体现出来了。因此，女人若能在这些特殊情况下说一些软话把问题解决，那就会让人心服口服，甘愿为其忙前忙后。所以，女人，能说软话的时候尽说无妨。

假装没尴尬，继续聊

在人际交往中，面子是个大问题。遇到令人难堪的时刻，我们总会好心地去说一些解围的话，好让当事者赶紧摆脱尴尬。但这样的热心在某些情况下可能并不适用，甚至可能会让对方转尴尬为恼怒。正如卡耐基所说："往往有这样的人，他们知道别人出了洋相，就主动地去安慰人家，还自以为别人会非常喜欢这种方式，会用感激的目光看着他。其实，别人最希望的，就是你假装不知道他出了洋相，没有嘲讽，也没有安慰。"

所以，如果发生在别人身上的尴尬情景触及了对方的自尊心，我们假装没发现他陷入尴尬，就是最贴心的解围方法。用你心知肚明的"不知道"帮他遮盖尴尬，不让他丢面子，对他来说就是最大的安慰。

◎高情商解围第一招——假装没听见

这招是指对别人说出的引发尴尬的话装作没听到或没听清楚，用另外的话题含混带过，也可以说这是一种避实就虚的处理方式。

一位实习老师第一次上讲台讲课，刚在黑板上写下几个字，突然有学生叫起来："实习老师的字真好看，比我们李老师的字好看多了！"

真是语惊四座，幼稚的学生哪能想到，坐在最后一排旁听的李老师该是多么尴尬！对这位实习老师来说，初上岗位就碰到这般让人难堪的场面，的确令人头疼。不过，这位实习老师灵机一动，装作没有听到，继续写了几个字，头也不回地说："不安安静静地看课文，是谁在下边大声喧哗？"

此语一出，后座的李老师顿时轻松多了，尴尬局面也随之消除。

这位实习老师巧妙地运用了假装没听见的技巧，避开"称赞"这一实体，婉转地告之李老师"我根本没有听到"，同时借攻击"喧闹"回应了那位学生的称赞，避免了他误认为老师没有听见而再称赞几句造成更尴尬局面的出现。我们不能不为这位实习老师的高情商做法点赞！

◎高情商解围第二招——故意说"痴话"

一家五星级宾馆招聘客房服务人员，经理给应聘者出了一道题目：

"假如你走错了房间，推门进去看见一女客一丝不挂地在沐浴，而她也看见你了，这时候你该怎么办？"

第一位答："说声'对不起'，就关门退出。"

第二位答："说声'对不起，小姐'，就关门退出。"

第三位答："说声'对不起，先生'，就关门退出。"

结果第三位应聘者被录取了。

为什么呢？因为前两位的回答虽然说的都是实话，但于事无补，都让客人有了解不开的尴尬心结，唯有第三位的回答很巧妙——假装没看清，故作痴呆，称对方为"先生"，光着身子淋浴的女客就会想：他竟连我是女的都没看出来，那应该没有看清楚吧。这就大大降低了尴尬的程度，极大地化解了女客心理上的羞愤感，真可以说是两全其美了。

◎高情商解围第三招——知而不言

当看到别人陷入尴尬而自己又没有好的解围方法的时候，假装不知道，不去戳破那一层窗户纸，不失为一种妥当的处理方法。

为参加朋友举办的一次隆重派对，小落第一次穿上了高跟鞋和超短裙，还化了比较浓的妆。朋友们见到她这样的打扮，一片惊呼，自然而然地她成了聚会的焦点。派对上有一项活动是蹦迪，高跟鞋和超短裙肯定是不适合蹦迪的，何况小落还是第一回穿呢。开始她不愿意下舞池，后来在朋友们的劝说之下勉强蹦了一会儿。谁知却出了问题，小落的一个鞋跟折断了，短裙也不小心撑裂了，她只好装作没事一样，一瘸一拐地回到了座位上。

一曲终了，大家都下场来，小亮走过来坐到了小落对面。小落十分尴尬，生怕被他发现了，赶忙说脚扭了，有点不舒服，所以早下来坐会儿。小亮并不看她的"伤势"，只是叫了两杯饮料，说："你平时看起来就文文弱弱的，一定要小心啊。这种剧烈运动连我都浑身湿透了，你肯定更累吧。以后多锻炼锻炼，再穿上今天这么漂亮的衣服，那效果肯定超棒！"

两个人聊了半天，小亮始终没有再提起她的"伤"。其实，他早就看到是怎么回事了，为了不让小落太尴尬，故意装作不知道。而他这一"知而不言"的举动确实让小落长长地舒了一口气。

　　小亮就是巧妙运用了"佯装不知"的技巧，避免了尴尬。

　　在社交场合，许多人遇到意外状况之后，即使假装不在意，其实心里面还是会有个疙瘩。所以，有时候当别人遭遇尴尬，你的安慰可能只会让对方感觉更没有面子。这时，故作不知或者说一句痴话，让当事人以为别人没发现他正处在尴尬之中，释怀内心纠结不安的情绪才是最好的方法。

应对夫妻"冷战"的宝典

俗话说："夫妻没有隔夜仇，床头吵架床尾和。"夫妻唇齿相依，就免不了会唇齿相咬，因而夫妻之间发生争吵，实属正常。如果处理得好，争吵会在平静的生活中激起波澜，争吵过后，彼此会更加了解和体谅对方。但是，这种化解争吵的艺术并非人人都能掌握。有些架非吵不可，但吵过之后我们一定要试着去化解，如果化解不了，也至少要把其间的冲突减少到最低的程度。

◎巧用幽默

当老公发火时，你要善于克制自己冲动的情绪，不要针锋相对。你可以运用你的幽默感说些宽慰、诙谐、逗趣的话来缓和紧张的气氛，这样就可以避免矛盾的激化和升级。

有一对老夫妻，吵架后，他们彼此都不再开口了。过了几天，太太忘记了吵嘴的不愉快，想和先生说话，可先生就是不理她。

后来，太太在家里所有的抽屉、衣橱里到处乱翻，弄得先生忍无可忍。他问道："你到底找什么呀？"

"谢天谢地，"太太说，"我总算找到你的声音了。"

先生扑哧一笑，两人和好如初。

太太这一番举动，着实令人佩服。通过这样一种巧妙的方式，她达到了重新和好的目的。很显然，在这种情况下，一般的说理是很难奏效的，反倒是太太一句幽默的话语一扫丈夫心中的怒气，让两人和好如初。

◎以柔克刚

俗语说："良言一句三冬暖，恶语伤人六月寒。"当夫妻之间产生矛盾时，千万不要用尖酸、刻薄、讽刺的话去伤害对方，否则自己痛快了，对方却好几天都缓不过来。为了加速感情的恢复，你可以试着为对方多做些事情，因为这样往往会使得对方做出相应的回报。当然，如果夫妻俩一个急躁、一个柔顺，那么就不容易产生冲突了。

◎理智让步

当受到老公的指责时，你不要把弦绷得太紧，要豁达大度，暂且退避三舍，做出理智的让步，这不仅对自己有好处，而且也能避免把事态弄得很僵。夫妻间的争吵、矛盾常由小事引起，不一定非得断出个是非，声音大点、态度硬点，就算把对方压了下去，又哪里会赢得喜悦呢？所以，在争吵时妻子不妨态度温和，语调低缓，或者干脆不吭气，以沉默相对。这样，丈夫没有了发泄的情绪目标，也就会气焰减弱，吵不起来了。

◎设身处地，以理服人

夫妻之间发生矛盾时要将心比心、设身处地地为对方着想，这样，才能使爱人消气动心，言归于好。很多时候，夫妻双方争吵起来时，常忘了说理，或无理搅三分，或得理不让人。如

果妻子能稳定一下自己的情绪，心平气和地讲道理，使丈夫的情绪不再被激怒，让他能听进自己所讲的道理，那么矛盾就会得到解决了。

第八章

女人的恭维是毒药，
谁都知道，
但谁都抗拒不了

给他最想要的赞美

日常生活中，女人们可能都有过这样的体验，当你夸奖朋友取得的成绩时，他会说："你不知道我付出了多少心血！"言语间仿佛有你不知其艰辛、只看结果不看过程的意思。相反，如果你说"真不错，一定花了你许多心血吧！"他就会很开心，认为你很了解他。其实，很多人做事并不仅仅在乎结果，而是更注重过程。

身为女人，对这点应该深有体会，每一次收获鲜花和掌声的背后都是数倍于常人的付出，正如冰心前辈所说："成功的花儿，人们只惊羡它现时的美丽，当初它的芽儿浸透了奋斗的泪水，洒遍了牺牲的细雨。"所以，有时候恰当地夸奖对方的辛劳付出比单纯夸奖对方取得的成果能达到更佳的赞美效果。

当你要赞赏一位老师的时候，你不妨说："你的学生×××真不愧是你的得意门生啊！现在已经自己出书了。这就是名师出高徒啊！"对于一位老师而言，引以为荣的往往是他教过的学生在社会上很有出息，你对学生的赞美就是对他最大的赞美。

当你面对一位一生都默默无闻但却将自己的孩子培养成高才生的母亲时，你可以对她说："你真有福气啊，两个儿子都那么有出息。"她引以为荣的孩子被赞赏，她一定会高兴不已。

老年人总希望别人不忘记他"想当年"的业绩与雄风，所以，同其交谈时，可多称赞他引以为豪的过去。例如，你可以对抗战老英雄说："你们真是太伟大了，没有你们去打江山，我们现在的生活都不知道是什么样呢！"

跟年轻人交流，你不妨赞扬他的创造才能和开拓精神，并举出几点实例来证明他的卓越才干："一毕业就自己创业了，还成功开拓了三项业务，你真是年轻有为，前途不可限量啊！"

对于经商的人，若恭维他生意兴隆，不如赞美他推销产品的努力，或赞美他的商业手腕，或称赞他头脑灵活，生财有道。对于知识分子，可称赞他知识渊博、思想深刻、宁静淡泊。若对某位明星表达赞美之情时，一句"我最崇拜你"还不如直接夸对方的某个作品如何精彩，如何打动了自己……

赞美他人，锦上添花固然好，雪中送炭更可贵。一位普普通通的下属住院了，领导亲自去探望时，说了这样一番话："平时你在的时候感觉不出你做了多少贡献，现在没有你在岗位上，才觉得工作没了头绪，慌了手脚，你可一定要安心把病养好啊！"他把下属当成左膀右臂，让对方认为自己很重要，这样的赞美怎么会不深得人心呢？

上述这些都是恰如其分的赞赏。但如果你夸一个中年妇女活泼可爱、单纯善良就会不伦不类，弄不好还会招致一顿臭骂；再比如你赞美领导发家有方、日进斗金，恐怕你的升迁就渺茫了。

人的地位有高低之分，年龄有长幼之别，因而因人而异、突出个性、符合对方心意的赞美比一般化的赞美能收到更好的效果。

另外，恭维赞美的话一定要切合实际，到别人家里，与其乱捧一场，不如赞美房子布置得别出心裁，或欣赏墙上的一幅好画，或惊叹一个盆栽的精巧。若要讨得主人喜欢，你就要注意投其所好：主人爱狗，你应该赞美他养的狗；主人养了许多金鱼，你应该谈那些鱼的美丽……

由此可见，赞美不是一味地奉承说好话。每个人都希望受到别人的关注，会说话的聪明女人要学会发现别人身上隐藏的闪光点，挠到对方的"痒"处，把赞美的话说到点子上，这样才能达到最佳的赞美效果。如果人云亦云，那么你的话在对方看来既乏味又粗糙，甚至会令人生厌，产生相反效果。

真诚的赞扬，是动听的天籁之音

不真诚的赞扬，给人一种虚情假意的印象，很容易招致被赞扬者认为你怀有某种不良目的，不仅起不到赞扬的作用，还可能造成对方的反感和戒心。言过其实的赞扬，不能实事求是，会使被赞扬者感到窘迫，也会降低赞扬者的水准。虚情假意的奉承对人对己都是有害而无利的。

赞扬他人是一种能力，是根据心理学和组织行为学研究出来的，是职场上的一种必不可少的能力。但赞扬不等于溜须拍马，溜须拍马可以说是虚假的，但赞扬却是真诚的发自内心的实话。有一句话说："真诚的赞扬是拂面清风，凉爽怡人；虚假的赞扬像给人吃大块的肥猪肉，让人烦腻不堪。"

有一次，一群朋友在一起聚会，吃饭的时候，大家交换名片，其中有一位来自报社的年轻帅气的男士，在场的女性都对他颇有好感。单身的小晶见有幸与这样一位帅哥认识不想错过机会，就想恭维一下对方，给对方留下一个好印象。

小晶知道他是报社的，便花痴似的说："哇，您是有名的大作家啊！"对方反问："我怎么有名？"小晶说："我每次都能

看见你写的文章。"对方又问："我的文章都刊在哪里？"小晶说："每次都是头版头条啊！"最后，对方说："真的吗？我是专门写讣告的。"小晶听后，脸瞬间红得跟猴儿屁股似的，恨不得赶紧找地缝钻进去。

讣告能在头版头条吗？显然这是虚假的赞扬，肯定会引起对方的反感了。那位男士不愿再与小晶搭话，就转身去跟别的朋友聊天了，小晶也十分窘迫地走开了。

真诚的赞美和"拍马屁"最大的区别在于是否发自内心。

真诚的赞美源自于内心深处的一种"美感"、一种冲动，它反映了一个人对另一个人的认可：外表漂亮、谈吐得体、行动敏捷、品格高尚……即在两个人之中，其中一个人在另一个人身上发现了符合自己理想和价值标准的可贵之处。我们认识这个人、了解这个人的时候，已经有一种无形的力量促使自己要去赞美他的一些优点。

但是，"拍马屁"却不同，它不是发自内心地对另一个人的认可和钦佩，而是基于内心世界早已存在的一种目的，一种对眼前或日后能够收到的"回报"的投资。"拍马屁"者在"赞美"他人的时候，脸上虽眉飞色舞，但却有几分不自在；他的词语是火辣辣的，但他的内心却是一片冰冷。他在赞美一个人的时候，心里想着的只是如何顺利办完跟自己利益攸关的事，如何获得自我满足。

因此，"真诚"成为了赞美和"拍马屁"的区分线，它是赞美的必要组成元素。

真诚的赞美应该是合乎时宜的，在合适的氛围里发出的赞美会让人内心明亮，灿烂无比。当别人感觉到你的赞美是发自内心时，那赞美的话就很容易被接受了。

大音乐家勃拉姆斯是个农民的儿子，生于汉堡的贫民窟，没有受教育的机会，更无从系统地学习音乐，所以对自己未来能否在音乐事业上取得成功缺乏信心。然而，在他第一次敲开舒曼家大门的时候，他一生的命运就在这一刻决定了。

当他取出他早期创作的一首C大调钢琴奏鸣曲草稿，手指无比灵巧地将它弹奏出来后，舒曼热情地张开双臂拥抱了他，兴奋地喊道："天才啊！年轻人，天才……"正是这出自内心的由衷赞美，使勃拉姆斯的自卑消失得无影无踪，也赋予了他从事音乐艺术生涯的坚定信心。

从那以后，勃拉姆斯便如同换了一个人，不断地把心底里的才智和激情谱写在五线谱上，并最终成为了音乐史上一位卓越的艺术家。

正是一句由衷的赞美，造就了一位音乐大师。在合适的氛围里，发出由衷的赞美，会有意想不到的效果。由衷的赞美是源于心灵深处的，它是深刻而强烈的。这种触及心灵的赞美是一种天籁之音，可以带给被赞美者无穷的力量。

别只会往嘴上涂口红，也要抹点儿蜜

任何人都一样，听到别人恭维自己时，心中总是非常高兴，虽然口里连说"哪里，哪里，您过奖了""你真是会讲话"，但脸上的喜悦无法掩饰。即使人们事后冷静地回想，知道对方所讲的是恭维话，但还是无法抗拒恭维带来的满足感。

聪明的女人在说话的时候，总是会说一些得体的恭维话，让对方在喜悦兴奋之余就帮自己把事情顺顺利利地完成了。所以，会恭维的女人，在生活和工作中就会显得比一般人游刃有余一些。

某市一家文化公司要建一座现代化的写字楼。这一天，文化公司王经理正在工作，家具公司的李小姐上门来推销办公家具。

"哟，好气派！我从来没有见过这样漂亮的办公室。如果我有一间这样的办公室，我这一生的心愿就都满足了。"李小姐以这样一句饱含羡慕的恭维话开始了她的此次推销。接着，她用手摸了摸办公椅的扶手，说："这不是红木吗？难得一见的上等木料！"

"是吗？"王经理的自豪感油然而生。说罢，不无炫耀地带着李小姐参观了整个经理办公室，兴致勃勃地介绍设计比例、装修材料、色彩调配，兴奋之情，溢于言表。

　　后来，李小姐顺利拿到了王经理签字的办公室家具的订购合同，达到了推销的目的。

　　李小姐成功的秘诀，就在于她从王经理的办公室入手，巧妙地称赞了王经理所取得的成绩，使王经理的自尊心得到了极大的满足，并把她视为知己。这样，办公家具的生意也就非李小姐莫属了。

　　恭维是一种放之四海而皆实用的处世技巧，说好了可以发挥巨大的作用，特别是当男人听到女人对他的吹捧和赞扬时，男人的虚荣心会让他产生一种莫大的成就感和满足感，自然也就会高高兴兴地帮你办事了。即便事情有点难度，但对方为了维护自己在他人面前的自尊，也会尽最大努力地把事情办成。

　　玛丽是个聪明能干的女人，自己经营着一家文化用品公司。最近，她打算为公司兴建一座办公大楼，经过几个星期的努力，当地银行的一名负责贷款的主管终于表示愿意为她提供资金，但是他现在不能给玛丽打包票。然而，玛丽急需这笔资金，需要在一天之内就得到贷款的承诺。

　　"你这不是在开玩笑吗，我们从来没有在一天之内给过贷款的承诺。"银行主管回答。

　　玛丽温柔地一笑，对银行主管说："您是这个部门的主管，也许您应该试试看您是否有足够的权力把这件事在一天之

内办妥？"

对方微笑着说："既然你这么急，虽然事情有点难办，不过，我可以试一试。"

不用怀疑，玛丽如愿以偿地及时得到了贷款。

像贷款负责人这样有权力地位的人的虚荣心会更强，不容许别人质疑他的能力。这种事例在日常生活中还有很多，也许当事人并没有感觉有什么特殊之处，但确实是凭借恭维的话语，达到了办事的目的。对方的名声、荣誉、能力，等等，都可以作为你求人办事时恭维对方的筹码。要知道，恭维是一种难以抗拒的力量。会办事的女人都会给对方恰当的恭维，让其在得意中顺服，乖乖地帮自己把事办了。

适时附和的倾听，一种别样的赞美

倾听并不意味着沉默不语，有时还需要做一些必要的"小动作"，动一动自己的嘴巴。女人在倾听别人说话时，恰当的附和说明你没有走神，一直在用心听对方说话，表达了你对说话者的认同，并且还暗含着对他的鼓励之意。

例如，当你对他的话表示赞同时，你可以说"你说得太好了！""非常正确！""这确实让人生气！"这些简洁的附和表明了你对他的理解和支持，让说话者为想要释放的情感找到了载体。同时，倾听者还可以用一些简短的语句将说话者想要传达的中心话题归纳一下，使说话者的思想得以突显和升华，同时也能提高倾听者继续倾听的兴趣。

当然，倾听者还可以向说话者提一些问题，这些提问既能表明你对说话者所谈论话题的关注，又能使说话者更愿意说出欲说无由的得意之言，也就是所谓的明知故问，让对方更愿意与你进一步交流。

一位老教授与门下的五名学生闲聊着自己当年读研时的杂

事，说："你们现在的生活可真丰富，校园内有体育馆，校园外有休闲馆。我当年在你们这个阶段，生活的世界里只有教室、图书馆和宿舍。"

学生们微微一笑，老教授继续说道："不过，那个时候精力都用在读书上也好，搞科研嘛，基础知识不扎实根本无法谈及创新。还记得我的一个课题是关于青藏高原地质变迁的问题，当时我不仅要查自然地理方面的书，还要查很多地质演变与生物演化方面的书。那时科学根本没有现在这么发达，哪里有什么计算机、文献电子稿啊，完全依靠图书馆里纸质的资料，可比你们现在做项目难多喽！"

说着，老教授停顿了下来，拿起茶杯喝了两口。

这时，其中专心倾听的林岚礼貌地问道："老师，您当年的研究方向是青藏高原的地质变迁问题，可是参考资料却涉及区域内的生物演化，当时是不是很少有人将这两个方面结合考虑？"

听完林岚的话，老教授会心地看了看这名好问的学生，然后得意地说道："很多时候，没人想到的地方你想到了，才会有意外的收获，才能够创新。不信，我们来举个现成的例子，就说说你现在的课题吧！"接着，老教授细致地对林岚正在进行的课题作了很有创意的指导，而其他四名只知道倾听的学生，却没能得到老教授的专门指导。

要知道，附和地倾听本身就是一种赞美，能使我们更好地理解别人，有助于克服彼此间判断上的差异性，有利于改善交往关系。我们在倾听别人的时候，也就是我们设身处地地理解他们的幸福、痛苦与欢乐的时候，使我们能够把对方的优点和缺点看得更清楚。而这些结论再通过我们有效的附和来传达到对方心里，这才能算是一次完美的交流。

认真倾听并在适当的时间附和也有利于双方更好地表达自己的思想和情感。在对方明白了我们的倾听是对他的尊重以后，他同样会认真地听我们说话，这样彼此的交流才能产生良好的效果。

例如，对于女上司来说，适时附和地倾听职员的谈话，不但有助于充分了解下情，还能体现出你对下属的体贴和关心，能够更得人心。朋友之间，这种附和式的倾听则能促进情感，加深相互间的理解，引发精神上的共鸣，让你成为朋友们的"知心姐姐"。

但是，应该注意的一点是，倾听他人谈话时的随声附和并不等于随意的插话。有些女人性子比较急，并且自认理解力强，所以某些时候不等对方把话说完就中途插嘴问这问那，不仅弄错了对方的意图，中途打断对方还有失礼貌。所以，说话办事时，你若想讨对方欢心，想把交流愉快地延续下去，就请不要只是默默地倾听，学着适时地附和吧。

多在背后说他好

　　人人都爱听好话，但好听的话、赞美的话不一定非要当着别人的面说。当面赞美别人，虽然也能拉近彼此的距离，但难免会带上一点恭维的成分，沾上奉承的色彩，背后赞美别人就可规避这些弊端了。背后赞美某人的话若经他人之口传到对方耳朵里，通常会被对方认为这些赞美的话是发自内心的，是诚恳的，因此对方会更乐于接受。

　　《红楼梦》中有这么一段：

　　史湘云、薛宝钗劝贾宝玉做官，贾宝玉大为反感，对着史湘云和薛宝钗赞美林黛玉说："林姑娘从来没有说过这些混账话！要是她说这些混账话，我早和她生分了。"

　　凑巧这时黛玉正来到窗外，无意中听见贾宝玉说自己的好话，"不觉又惊又喜，又悲又叹"，结果宝黛两人互诉肺腑，感情大增。

　　因为在林黛玉看来，宝玉在湘云、宝钗、自己三人中只赞美自己，而且事前并不知道自己会听到，这种好话就不但是难得的，还是无意的。倘若宝玉当着黛玉的面说这番话，好猜疑、小性子的黛玉恐怕会说宝玉打趣她或想讨好她。

可见，背后赞美比直接赞美更明智，更容易打动对方。在背后说一个人的好话比当面恭维说好话要好得多，你不用担心他不知道，你在背后说他的好话，很容易就会传到他的耳朵里。

有一位妻子就非常懂得使用背后赞美的方法，让她的丈夫对她百依百顺、言听计从。结婚不久，闺密经常打电话和她聊天，每当对方问道"你现在还好吧？"她总是一脸幸福地笑着说："他对我很好，只要我哪儿不舒服，他就叮嘱我吃药、喝水……还有他很会做饭，他做的水煮鱼很好吃……我工作忙的时候，他就收拾家务，比我打理得还好……"

在她这么说的时候，她的丈夫往往就在她不远的地方，看上去似乎在忙碌自己的事情，其实正竖着耳朵听她讲电话，心里高兴得不得了。其实，刚结婚时他只会做西红柿炒鸡蛋，收拾屋子也是偶尔为之。听到妻子在别人面前这样夸他，他就有了劲头去做，后来成了一个模范丈夫。

从心理学的角度说，当一个人发现别人对他的印象和评价与他自己期望的不一样时，他就会自觉地调整和修饰自己的言行，以期符合别人对他的看法。这位妻子深深懂得背后赞美的奥妙，轻松地把一个原本不出色的男人夸成了模范丈夫。

做女人，与其总在背后八卦别人的隐私，不如多去关注别人的优点，私下聊天时多赞美别人几句，哪怕只是夸对方说话声音好听，那么有一天对方可能会在别人面前夸你聪明漂亮、能力出众。

适时地贬低自己也就捧高了对方

　　女性的语言美在含蓄婉转，对于女性来说，很多时候不便于直截了当地赞美异性，在这种情况下，不妨换种方式来表达，效果是同样的，甚至会超过所期望的效果。我们接下来要谈的这个方法就是适当地贬低自己。

　　适当地贬低自己，也就相对地捧高了对方。即使是不善言辞、不善于称赞的女性，也能轻而易举地使用这种方法，达到捧高他人的目的。

　　比如，当我们参加某店铺开张的庆祝会时，即使那是一家不怎么样的店铺，我们也要应景地说一些赞扬的话，为庆祝增添一些喜气。这时候，我们就可以适当地贬低自己，捧高对方。你可以说："这店铺看起来真不错，室内的装潢也很考究。不像我经营的那家店，门没做好，窗户也是一大一小。"将对方的店和自己的店作具体的比较，并有技巧地把自己的店说得略逊一筹，对方就会因被人高抬而产生优越感，心中的高兴自是不言而喻。

　　在某些情况下，贬低自己来捧对方，不只是为了抬高他人，也是低调做人的要求。当对方听你说"我前天做了一件丢脸的事情"时，想必他脸上会浮现出微笑，并心情轻松地听你继续说下去。因为炫耀自己会引起他人的反感，而谈及自己的失败经验，不但不会让对方有失落感，反而会让对方因你的坦诚而对你也敞开心扉。自己得意时也不忘照顾他人的自尊心是一种难得的高情商处事方式，同时也能体现出一个人良好的修养。

有一个女生刚调到市人事局的那段日子里，在同事中连一个朋友也没有，她自己也搞不清楚是什么原因。原来，她认为自己春风得意，对自己的机遇和才能满意得不得了，几乎每天都使劲地向同事们炫耀她在工作中的成绩。但同事们听了之后不仅很少有人愿意分享她的得意，而且有些人还一脸的不屑。

后来，还是当了多年领导的老父亲点醒了她，她这才意识到自己的症结到底在哪里。接下来，每当她与同事闲聊时，她总是让对方把自己的得意事儿说出来，并乐意与其分享，而且还常常会说一些自己的糗事来热闹一下气氛。久而久之，她的同事们都成了她的好朋友。

适当地运用这种方法，可以避免在一些场合中过分显露锋芒，从而给自己带来不必要的麻烦。低调做人，低姿态处世，在某些情况下适当地贬低自己，才是明智之举。

第九章

女人要擅用巧劲儿应对刁难

被排挤，主动示好胜过针锋相对

一个人在公司里的定位，依据其工作职位、人际关系、能力才华等有所不同。有的人可能是各方争相笼络的对象，在公司里人人称羡；但是有些人却没有那么幸运，只是一个循规蹈矩的上班族。不管何种角色，在职场里最令人难过的还是遭人排挤。

遭人排挤并非只有能力强的人才会遭遇，能力弱的人同样也可能遇到。总之，磁场不对，就难免会出现"排挤"之事。

如何看出自己是不是遭排挤呢？例如，同事之间总有一些应酬，但是怎么算都少了你，平日一些送往迎来的交际，你常常不经意地被遗忘，等等。

被排挤有时并不是因为我们自身做错了什么事，而是因为某些外部因素让自己成为了不受待见的对象。这时你就要细心分析你被排挤的原因，从而找到解决的办法。

苏珊是某外企的部门主管，不知为什么，员工们总是和她保持距离，好像心里很排斥她。这到底是为什么呢？她是应聘来到公司的，也从没有和大家发生过不愉快的事。经过一段时间的观察，她发现自己的顶头上司大卫对员工的态度极为不好，经常公开骂人，对员工极不尊重。因此，员工都不喜欢他。而自己因工作关系和大卫接触较多，所以大家不愿和自己往来，是不是担心自己是大卫派来的耳目呢？想到这里，苏姗一下子觉得心里豁亮了许多。

苏姗决定找个机会和几位在员工中较有威信的同事谈一谈，把问题解释清楚。

一次大卫外出后，苏姗把那几位同事召集在一起说："各位同事，我知道大家有些不大敢和我接触，我也明白其中的原因。今天我要告诉各位的是，我和大家一样不喜欢大卫。此前我并不认识他，更谈不上有什么特殊关系。我到这里来，只是喜欢这份工作而已。说心里话，我很想和各位交朋友，希望大家能接受我。"

苏姗话音刚落，周围便响起了热烈的掌声。自此之后，员工们对她的态度有了很大的改变，都很乐意与她打交道。

面对排挤，女人不必非得针锋相对地以牙还牙，有时候你一个善意的举动就可以帮助你解除对方对你的排挤，甚至热情拥抱你。

潘敏在某家塑料制品企业的经营部上班。一天，经理心急火燎地过来问："杨丽呢？她的那份合同做好了没有啊？"恰巧杨丽因为私事出去了，听着经理责怪的口气，办公室里的其他人都装不知道，反倒是平日里一直被杨丽排挤的潘敏回应说："杨丽刚刚出去，可能上厕所了吧，您需要哪一份合同？"

"就是与宏达塑钢窗厂签订的那一份合同，越到节骨眼儿上

越找不着人！"经理很着急。

"杨丽一会儿就回来，我先找一下。"经理走后，潘敏马上给杨丽打电话，找到了那份合同，及时给经理送了过去。

事后杨丽听说是潘敏在关键时刻主动帮她解决了难题，非常感动，同时也对自己之前的行为感到很内疚，于是杨丽向潘敏真诚地道歉并感谢。两个人的关系越来越好了。

像这样关键时刻帮那些对自己有偏见的同事说几句话，就可以有效化解彼此之间的矛盾，让对方重新认识自己。你的热心也会使其他同事乐于帮助你，从而营造一个融洽的办公环境。

很多女人在工作中都懂得要与上司建立良好的关系，认为只要上司欣赏自己就万事大吉。其实同事之间的融洽关系也同样宝贵，试想，如果天天都要见面，坐在同一个办公室里工作，两人却互相讨厌甚至排挤，工作时的心情肯定大受影响，业务上也不能相互配合，最后只会影响你的工作表现。同事有困难时主动帮一把，是对别人好，也是对自己好。

互相奚落，
不好玩的时候也别伤了和气

　　《快乐大本营》里谢娜和何炅这对朋友可谓"情投意合"，两个人很有默契，一起搭档主持总能激起很多的火花，两个人的配合也很有意思。在节目中，他们经常互损、彼此挖苦、奚落对方，但两人都能灵活友好地应对奚落，不输面子也不输和气。

　　下面我们来摘录几段他们之间的风趣对话：

　　（一）

　　何炅问何润东："你喜欢什么类型的女生？比如维嘉就不是很喜欢很疯的女孩子。"

　　维嘉："对，我不是很喜欢很疯的女孩子。"

　　大家不由得把目光集中到谢娜身上，此时谢娜说："你们可别看我在外面疯疯癫癫的，我在家里是又弹古筝，又作诗，我自己都感到惊讶。"(故意做出挺高傲的眼神)

　　何炅："如果谢娜在家真的这样的话，那她就彻底疯啦！"

　　（二）

　　大家谈论做艺人遇到的尴尬事。

何炅："娜娜，你遇到过什么是你觉得最尴尬的？"

娜娜："就是在国外啊，好多外国朋友找我签名，说好爱我，我就觉得特别尴尬！"

众人无语，数秒后，何炅说："你是觉得我们都不相信才尴尬吧！"

（三）

娜娜："你太没有男人味儿了。"

何炅："是啊，全场最有男人味儿的就是你了。"

　　何炅和谢娜的相互奚落基本上是善意的，他们会用语言或行为小小地回敬一下对方，这样不仅自己的面子没受损，两人还斗得开心，还增强了节目效果。

　　回到日常生活中，面对朋友、同事间善意的奚落，我们也可以像谢娜与何炅那样，争取自己面子的同时也不伤害对方，大家当玩笑乐一乐就算了。但是，有些奚落就是赤裸裸的恶意挑衅。比如，在公司，有些女人仗着自己有背景或者被老板赏识就对周围的同事横挑鼻子竖挑眼，看不顺眼就随口奚落几句，特别是对于刚进公司的新人，更是以女王身份要求他们。这种情况下，正确的办法是当你忍无可忍的时候，就无须再忍，而应以适当有力的语言回击冷语，避免自己总是无辜受到别人的嘲讽。当然，语言尽量也不要破坏和气，毕竟几句话的事，让对方知道你不是软柿子，不乐意让她随便捏就行了，大家总还是要抬头不见低头见。

　　恶意的奚落容易伤自尊心不说，还经常让我们下不来台。本能地进行反击，其后果往往是讽刺挖苦、侮辱打击的恶性循环。

如果你下次遇到这样的奚落，不妨照下面说的去试试：

◎**探究缘由**

心中窝火容易使人出语伤人。如果你的确不明白是什么地方得罪了别人，使他们不停地奚落你，那么最好的办法就是直接问他这是为什么。记住，并不是每个人都存心要找你的麻烦，因此，要尽快找出根源。

◎**正视挑衅者**

顶住奚落并非易事。办法之一是用严肃的对答来对付消极的评价，比如你可以说："你有什么理由来伤害我的感情？"或者说："要知道你的话也许对别人有用，但在我这儿没分量。"

作为一种选择，你可以要求挑衅者澄清他的原意："你到底想说什么，不用拐弯抹角，有胆量把话挑明了说。"一旦挑衅者意识到你会识破他的意图时，他就会停止挑战。没有比阴谋被识破更丢脸的了。

◎**运用幽默**

有人曾很不客气地评价玛丽的新裙子："一条新裙了？这布料更像是用来包椅子的。"

玛丽回答说："那好，坐到我膝盖上来。"

利用幽默可以避免冷语的伤害，还可以拒绝自己不想听到的话。

◎**顺水推舟**

接住话头是个好主意。例如，如果你妻子说："你重了20磅了，亲爱的。"你就回答说："准确地说是重了近25磅。"语言之所以有力，是因为你承认了它的力量。当你顺水推舟时，你就能使它失去力量。

◎拒绝接受

一个男人出语伤害布达赫后，布达赫说："孩子，如果有人拒绝接受一份礼物，那这份礼物会属于谁呢？"

那个男人回答说："当然是属于送礼物的人。"

"那就好了，"布达赫说，"我拒绝接受你的指责。"

有人觉得口头上奚落、贬低别人会更显自己的高大，所以他们口袋里装满轻蔑，准备随时取出来抛给别人。拒绝接受他们的侮辱伤害，巧妙地还给他们，这样你就会减少紧张，增加快乐。

女人之间容易为一些小事争执，灵活的语言能让你避免麻烦，远离伤害，还可以不破坏原有的关系。因此学会运用它，会使你的生活变得更美好。

他人设"梗"，不妨顺着话茬往下接

歌手满江的新歌发布会上，汪涵大哥为了表示祝贺，特地手捧一把大麦送上台去，说道："祝你专辑能够大卖。"

好友见状故意设"梗"抬杠道："咦？你这把好像是水稻诶！"

汪涵顺势说道："那更好啊，水（稻）到渠成嘛！"

汪涵顺势而为，稳稳当当地接住了对方抛出来的"梗"。这就是说话的精妙之处。

我们在生活里也经常会遇到这种情况，当我们说话时对方突然抛出一个"玩笑梗"让我们不知所措，有一些是朋友知己间的善意调侃，有一些则是心怀鬼胎的人找茬或是暗地讽刺。无论是哪种情形，高明的办法就是接着对方的话茬往下讲，而低能的办法则是立马翻脸认输或是争辩较真。

朋友之间，高明的招数可以让彼此间的气氛迅速升温，低能的招数则会令对方陷入尴尬，并且以后不敢再与你开玩笑。对于那些不怀好意的人，高明的招数可以实现见招拆招，做得妙还能"反咬一口"把矛头还给对方，而低能的招数则无疑意味着向对方缴械投降不战而败，让对方奸计得逞。

那么，如何才能巧妙接住对方抛出来的"梗"呢？下面几个方法可供参考：

◎借题发挥

某大学中文系在开学第一天开了个座谈会。新生们需要一个个作自我介绍。当轮到来自农村的牛力时，他刚说了句："我姓牛，来自乡下……"不知谁小声说了句："瞧，乡下小牛进城喝咖啡了！"一下子，许多人都笑起来了。

牛力先是一愣，但很快就镇定下来，说道："是的，我是来自乡下的小牛。不过，我进城是来'啃'知识的，以便回乡下耕耘。我'吃的是草，挤出来的是奶和血'。我愿永远做家乡的'孺子牛'！"

话音刚落，大家热烈地鼓起了掌。牛力用自己的机敏，顺着那位同学过分的玩笑话，引用鲁迅的名言，不但摆脱了尴尬的场面，而且表明了自己做人的准则，为自己赢得了喝彩。

当有人给你设的"梗"带有一定的侮辱性质，而抛"梗"的人又不是恶意刁难你的时候，如果你能顺着对方的话，再借题发挥一番，反而把他的话变成你用来夸奖自己的话，可谓是一种最机智的选择。这样既能避免自己的难堪，又不至于把关系弄僵。

◎诱敌上钩

集市上，几个小商贩摆着麻袋和秤杆，等着收购农民拿来的山货。一位老农来到一个小商贩面前，诚恳地问："老弟，灵芝菌一斤多少？"老农的本意是问一斤灵芝菌能卖多少钱，小商贩见老农两手空空，以为他是问着玩玩的，就想开开他的玩笑，开心开心。于是小商贩答道："一斤是十两，你连这都不懂？"旁观者们哄笑起来，使得老农很尴尬。

不过老农略一定神之后，开始反问小商贩："你做多久生意了？"

小商贩随口答道："十年了。"

老农哈哈一声，脸露讥笑地说："亏你还是个生意人，人家问你多少钱你却回答多少斤。我看你像个老生意人，才这么问的，哪里晓得你连'钱'都不懂，唉……"

老农故意把一声"唉"拖得很长，这回轮到小商贩被人哄笑了。

当有人纯属恶意地开你的玩笑时，你当然需要毫不客气地回敬，诱敌上钩就是其中的一招。你要不紧不慢地诱惑对方进入你语言的圈套，在适当的时候反戈一击，让对方自取其辱。

◎反唇相讥

晚会上，一个年轻小伙子邀请一个女孩子跳舞。由于小伙子比较瘦小，女孩子不愿意跟他跳，还非常不礼貌地开起了对方的玩笑："我不想跟孩子跳舞！"

不过小伙子十分聪明，他收回停在空中的手，道歉说："对不起，我不知道你正怀着孩子了。"

女孩子的脸一下子红到了耳根。

生活中一些尴尬的局面完全是由于别人不敬的玩笑引起的，如果你隐忍退让，很可能会被人看扁，把你当软柿子捏；如果针锋相对，又会把事情搞僵。这时，不妨采用反唇相讥的办法，把对方开自己玩笑的话返回到他自己身上去，从而为自己争取主动。

女人要记住，说话时对方抛出来的"梗"，接住好过于躲避。接住了，顺着对方的话往下说，见招拆招巧妙化之于无形，这会显得你更高明一些。千万不要就着对方说出的话反复较真，这样你就彻底输了。

沉默是一种不用动口的口才

　　受人指责总归是件不快之事，而受人当众指责则更是令你不快，甚至会让你窘迫难堪，尴尬至极。这是一个协作生存的社会，无论是工作还是生活，无论是何时何地，人都难免犯错，因触及他人的利益，导致他人对你的指责。当然，也存在这样一种情况，错并不在你，而是一些无聊之徒或抱着一种嫉妒，或抱着一种偏见，当众对你进行攻击，目的就是要让你颜面扫地。

　　当有人大庭广众之下突然给你来一顿劈头盖脸的斥骂，你是否能招架得住？你打算如何应对以维护自己的尊严？理性的方法之一就是沉默。这里的沉默并不是因为害怕对方的辱骂而沉默，而是不屑于与之争辩的沉默。让他的行为如跳梁小丑般被人取笑，而你则收获他人赞赏的目光。

　　一次，一位不速之客突然闯入洛克菲勒的办公室，直奔他的写字台，并以拳头猛击台面，大发雷霆："洛克菲勒，我恨你！我有绝对的理由恨你！"接着那暴客恣意谩骂他达10分钟之久。办公室所有职员都感到无比气愤，以为洛克菲勒一定会拿起墨水瓶向他掷去，或是吩咐保安将他赶出去。然而，出乎意料的是，洛克菲勒并没有这样做。他停下手中的活儿，用和善的神气注视着这位攻击者，那人越暴躁，他便显得越和善！

那无理之徒被弄得莫名其妙，那股怒气也就渐渐地平息下来。因为一个人在发怒时，遭不到反击，他是坚持不了多久的。于是，他咽了一口气。他是做好了来此与洛克菲勒做斗争的，并想好了洛克菲勒将要怎样回击他，他再用想好的话语去反驳。但是，洛克菲勒就是不开口，所以他不知如何是好了。

最后，他又在洛克菲勒的桌子上敲了几下，仍然得不到回应，只得索然无味地离去。而洛克菲勒呢？就像根本没发生过任何事一样，重新拿起笔，继续着他的工作。

面对对方怒气冲冲的指责，洛克菲勒采取不合作的态度，不理睬对方对自己的无礼攻击。施以如此态度，不是不敢反击，而是给他最严厉的迎头痛击，让他知道自己根本不屑与他争执。对方见到洛克菲勒的如此反应，也就会自感索然无味，悻悻而退。成功者每战必胜的原因就是，当对手急不可耐时，他们依然保持着超常的冷静与沉着。

某广告公司有两名销售代表，唐萌因超额完成任务而受到了嘉奖，郑丽却因目标未完成而且还曾与客户发生争执而被处罚。但郑丽不仅不反思自己的问题，反而在同事面前说三道四。有一次在办公室里，她含沙射影地说："哼，不光彩的奖励白给我也不要！跟男人点头哈腰、投怀送抱，真不要脸，这样的事正经女人可做不出来！"

唐萌明白这是在骂自己，不免怒火顿升，本想把话顶回去，可是转念一想觉得如果和她争吵，以郑丽的性格来看一定会胡搅蛮缠，反而助长她的气焰。于是唐萌强压怒火，带着不值一驳的神色，"啪"合上手中的资料，潇洒地转身离去，把郑丽晾在一边。郑丽的脸憋得通红，窘极了。众人也哄笑道："没有完成任务还咬什么人，丢人！"至此，郑丽已经无地自容。

案例中唐萌的轻蔑性沉默产生的批驳力比之用语言反驳，显得更为有力、得体，更能穿心透骨。这也许是对付无理挑衅的最有效的反击武器。

当遇到别人对你进行当众指责时，为了每战必胜，一定要掌握以下几点：

◎虚心请教

特别是上司或长辈对你进行当众指责时，无论他的指责正确与否，也无论你是否服气，不妨采用虚心请教的方式请他指明正确的做法，在对方的眼中，你的请教就意味着一种真诚的道歉。

◎移花接木

别人的当众指责，也可用幽默来化解，来个张冠李戴，将原本只适合于甲种场合的话，移植到乙种场合来说。

◎积极辩护

被上司批评或指责，虽然应该诚恳而虚心地听取，但并非不管他说得对不对都要一股脑接受，必要时应该勇于做出积极的辩护。但是辩解时切忌加上"你居然这么说……"的话，因为在指责人看来，这样的话是你顽固不化的表现，是在找理由为自己辩护罢了。

◎道歉时只需要说"对不起"

面对指责进行道歉时，只要说"对不起"，切忌说"虽然那样……但是……"这种话，因为你若这样说，只会让人觉得你好像是在强词夺理，无理辩三分。

有些女人在遇到麻烦的时候，常常喋喋不休，唠叨不止，殊不知这样正好暴露了自己的弱点。处在尴尬情况下，与其聒噪不停，甚至说错话，倒不如保持沉默。

沉默像乐曲中的休止符，它不仅是声音上的空白，更是内容的延伸与升华。它是一种无声的特殊语言，是一种不用动口的口才。

挑衅？该反击时就反击

　　有的时候，我们总会遇到一些难以应付的场面，比如出乎意料的训斥、气势汹汹的责难、蓄意的讽刺、挖苦等。这个时候，恰当的语言表达和高超的语言艺术可以使紧张的气氛变得轻松，使窘迫的场面变得自如，使危急的形势得到缓和，把被动变为主动，使你成功摆脱尴尬的处境。

　　如果对方想以向你发问来为难你，而且问的角度很刁，你的任何回答都有可能令对方再次抓住话柄，那么你就不要正面回答，而是将问题再抛还给对方，将对方一军，把烫手的山芋再扔回去。

　　某天，小晗正在用公司的扫描仪扫描许多年前的老照片，碰巧被同部门的几个同事看到了，于是大家便围过来凑热闹，自是品评一番说说笑笑。这时，公司的"毒舌妇"金燕恰好路过，于是便也凑过来假意看照片。

　　有同事拿起一张照片问小晗是何时拍的，只见照片上的小晗完全一副婴儿肥时期特有的肥嘟嘟的小圆脸，开心地手捧奖杯站在领奖台上，旁边侧立的人纷纷鼓掌。"哦，这个是初中时候的一次知识竞赛，我拿了全校特等奖。"小晗有些不好意思地说。

"哎呀，想不到小晗你小的时候那么聪明哦！"

"是啊，还看不出你是个小才女咧！"

……

同事七嘴八舌地边说笑边和小晗轻轻打闹着，此时却从旁边传来一个不太和谐的极其不屑的声音："切，小时候聪明的人长大了一般可就不会聪明到哪儿去喽！"

不用看也知道说出此话的正是站在一旁伺机找茬的金燕，周围的人瞬间沉默了，偷偷看着小晗的脸色，担心两个人会就此吵下去。

不过小晗倒是一副自得其乐的表情，假装亲昵地走到金燕身边，轻轻说了句："那看来你小的时候一定比我聪明很多倍哦！"说完便手拿照片扬长而去，周围的同事也纷纷带着一副偷笑的表情悄悄溜出门去，只剩下独自在屋里跺脚的金燕。

在与人交往时，我们可能会被别人有意无意地奚落、挖苦。这时候你越一味退让就会让对方觉得你好欺负，楚楚可怜也要会用对地方，应付怀有恶意故意挑衅的人，你就得拿出天不怕地不怕的气势用"以眼还眼，以牙还牙"的办法，有理、有利、有节地回敬对手，针锋相对，"原物"顶回，让对方有苦说不出，只能自食其果。

当然，将难题抛还给对方，也要抛得有技巧、有水平才好，最好是就着对方的话题反问对方，或是根据对方所说的话延伸下去做文章，就如同小晗反将金燕那样。将问题抛回去可不等同于岔开话题转舵去谈别的，否则便会让人看出来你是在躲避。

当我们遇到对方咄咄逼人，故意想让我们难堪时，有以下几个应对方法可供参考：

◎以退为攻

假如对方是以刁钻的问题逼问你，让你必须回答，不能推辞，那么这时你可以假装退却，让对方自以为是地逼过来，你再诱导他跟着你的思路走，顺势把他带远，让他完全进入你的圈套之后，再回过头来对他进行反击。

◎后发制人

这是使自己能站稳脚跟的最有效办法，一般当对方到了已经不能自圆其说或者已是山穷水尽的时候最有效果。因为对方总是有弱点的，只要我们先忍一时，等抓住对方话语中的漏洞之后就把这一点无限扩大，让他无力应对、无地自容，从而为自己出一口气。

◎把球踢给对方

当对方的问题很难回答，问的角度很刁，你回答肯定、否定都可能出差错时，那就不要回答，把问题再还给对方，将对方一军。

有人说，女人是感性和性感的结合体。感性的女人很可爱，而性感是女人的专利。但是，如果在生活中尤其是说话时，遇到了无端的挑衅，女性朋友们就应该用自己的感性认知，用漂亮话去性感地反击。该反击时决不嘴软，用事实向对方宣示：本姑娘，可不是好惹的！

应对嫉妒，低调是最好的策略

生活中常出现这样的情况，比如自己辛辛苦苦准备了好长时间的计划书最终获得了老板的通过，并且在会议上得到各部门主管的一致赞许，老板为此对你更加赏识。这时的你必然是春风得意，难掩喜悦之色。但是，如果你把骄傲喜悦之情表现得太明显，那么在你兴奋得意之时往往也会招来同事的冷言冷语。

徐惠是一名刚刚参加工作的新教师，对最新的教育理论有较深的研究，讲课亦颇受同学们欢迎，这引起一些任教多年却缺乏这方面研究的老教师的强烈妒忌。为了改变自己的处境，徐惠便故意在办公室的同事面前大曝自己的劣势：缺乏教学经验、对学校和学生的情况很不熟悉等，最后还一再强调"希望老教师们多多指教"。

徐惠自曝劣势后，有效地掩盖了自己的长处，衬出了老教师的优势，减轻弱化了老教师们对她的妒忌。

在职场处于优势地位，自然是可喜可贺的事。如果别人对你说一两句奉承的话，你就马上陶醉而喜形于色，这会在无形中加

强别人的嫉妒。所以，面对同事的赞许恭贺，你应谦和有礼，并且不忘夸一下对方的优点。这样不仅能显示出自己的优雅风度，淡化同事们对你的嫉妒，而且还能博得同事们对你的敬佩。

嫉妒是人的天性，对别人的得意视而不见的人毕竟是少数。也许有人会锦上添花地说"看来，老板就只信任你一个！""女强人，经理这个位置非你莫属了！""他日高升之后，千万别忘记我啊！""你的聪明才智，公司里无人可及！"之类的话语。但切莫被美丽的谎言冲昏头脑，聪明的女人应该理智地回应说："不要乱开玩笑啊，公司还有很多人才呢。"或者，"我还有很多的东西要学。"

让别人嫉妒就等于无端树敌，那么，在暗流涌动的职场，女人如何才能处理好这些关系，保护好自己呢？

保护自己的最好办法就是保持低调，要处处表现得虚心、容易满足。要与同事之间保持良好的关系。有时候为了达到目的，有些人勤于制造高帽往"目标物"头上送。春风得意的你自然极易成为"目标物"，这时你就应该保持低调的姿态，因为它可以让你保持清醒的头脑，做出正确的判断。

低调的姿态是获取他人好感所必需的，大多数人欣赏的是低调为人的人。低调为人可以避免小人的妒忌之心，避免闲言碎语。在低调为人的同时，你不妨给自己立下更大的奋斗目标，始终保持拼搏的劲头，一步步迈向成功的目标与顶峰。

职场中流行一句话"低调做人，高调做事"，能够把工作做好，同时又不张扬、不炫耀，才能不被排挤、不被淘汰。

第十章 把你全部的柔情
集于舌尖，
句句攻心

你再强大，也要主动示弱

　　"上司就是上司，与性别无关"的说法真的成立吗？女性特有的气质属性，例如感性、细腻、坚韧、温和等，决定了她们在决策风格、领导行为上有别于男性。

　　丽丽的前任上司升官调任，空降了一个圈内有"铁娘子"之称的女上司。刚开始丽丽几乎天天被女上司挑两句不是，要么就是客户投诉问题，要么就是策划方案不够完美需要修改。丽丽的神经天天紧绷着，她也曾背后和同事嚼过舌根："工作狂的女人估计都有点变态，她不会是看我们年轻貌美嫉妒吧？"

　　抱怨归抱怨，工作却丝毫不敢松懈，于是丽丽开始按照上司的要求投入工作。有次她加班到很晚，发现上司办公室的灯光始终亮着，似乎是为了陪伴自己，并且上司还为丽丽叫来了夜宵，两人一边吃一边谈工作进展。"我从你身上看到了我当年的影子，所以对你要求特别高，你能体谅吗？"上司温和的三两句话，将丽丽之前对她所有的不满全部打消了。

　　女上司的温言软语具有很强的攻心力量。女上司做事雷厉风行令人敬佩，但有时候，女上司也可以在男性面前技巧性地示弱，这样更容易开展工作。

一年前，沈芳被提拔为广州分公司的经理，从此每天都在处理各种麻烦事。先是遇到公司改制，后来又是产品出现问题，公司出现了人员变动和薪资调整，每件事情都直接关乎员工利益，需要沈芳去平复和继续开展工作。

她也因此总结出许多技巧：女上司想要成功地统领你的属下们，尤其是男性属下，就要学会技巧性地示弱，满足其虚荣的心理，这样才有利于工作。不过，不服从和有抵触情绪的男下属例外，苦口婆心只能让他看扁你，偶尔也要拿出上级的威严示强，但要确定这个强是真正有能力的强，而不是压制别人的强。

作为女上司，你的工作能力是毋庸置疑的，但适时地示弱也是确保你在职场中工作顺利的杀手锏。因此对下属说话时，注意方式、掌握分寸很重要，千万不要伤害到下属，尤其是男下属的自尊心。如果掌握不好，就可能使下属跟你形成对立状态。看看下面两种对话方式。

上司："小李，你最近的表现可不太好啊！"
小李："可是我已尽了最大努力了。"
上司："努力？你只是看起来很努力吧。"
小李："我难道不是在工作吗？"
上司："你怎么能用这种态度说话？"
小李："那你要我怎么说呢？"

上司："你太自以为是了。这就是你的问题所在。"

上司这样对下属说话，很容易让下属对你产生不满，甚至产生敌意，不利于以后工作的开展和公司的团结。但是换一种说话方式，效果就会完全不同了。

上司："小李，最近表现得可不太出众哦，这可不像你的作风。"

小李："我已经尽力了……"

上司："是不是有什么心事？"

小李："哎……老婆住院了！"

上司："是吗？你怎么不早说，家里出了事理当多照顾，要不就先请几天假，好好在家照顾一下家人。"

小李："现在已经没有什么大问题了。"

上司："噢，那就好。有什么困难尽管来找我。"

在这里，上司表现出了体贴下属的心意，下属自然会十分感激。上司与下属沟通，甚至批评下属时，都要注意说话的方法，要掌握对方的心理特点，使对方心甘情愿听你的，千万不可让对方对你产生敌意。

做领导难，做女领导更难，做一个优秀的女领导更是难上加难。当大男子主义传统依旧根深蒂固时，男人骨子里是不愿意被女人指手画脚的。为了做好管理工作，女上司可以从以下几个方面入手：

第一，不要对任何人、任何事都表现得很强势，温柔的言语更能笼络人心。

第二，在男同事面前技巧性地示弱，更能获得他们的支持。

第三，作为女性领导者，尤其要注意不要随意地任性和猜忌别人。

第四，多多关心同事、下属，会让你显得更加平易近人，别人也愿听从你。

用自己说话的姿态表达尊重

　　跟人交谈的过程中，特别是在一些较正式的场合，除了言语要恰当、善于倾听和回应外，还需辅以恰当的肢体动作，让对方感受到你的真诚与尊重，从而提高语言的感染力，确保交流的顺利进行。

　　著名主持人柴静就是一个特别注意自己身体语言的人。每次在采访现场，她总是微微偏着头，一脸的认真和柔情，话语是轻柔的，但是充满了力量，从她的整个形体和眼神中，你能够看到她对当事人的关怀胜过对事件的关心。也许，正是这样的姿态，让她能够走进很多当事人的心里，探寻他们的内心世界。

　　柴静曾在文章中说："采访的时候，我总是习惯性地身体前倾，这是一种发自心灵的倾听姿态。"中央电视台10套的《人物》栏目做过一期柴静的专访，对柴静有这样的描述：

　　在156次采访中，柴静使用手的次数为138次；在169次采访中，柴静流露关切眼神的采访为156次；在187次采访中，柴静的声音平均为20分贝；在213次采访里，柴静的身体与地面呈45度倾角，她与采访对象距离最近的一次是10厘米。

　　这就是柴静在采访时所采取的姿势，也正是这些姿势营造了柴静与人交流时的魅力和亲和力。从这些姿势中透露出来的是她对对方的尊重和关切，从而营造出了良好的交流氛围，更好地打开了对方的话匣子，让她在采访中总是能听到更多的真实内容，并以此来还原事情的本来面目。

有时，意味深长的一个眼神，胜过千言万语。交流时一定要懂得，在什么地方皱眉，什么时候眼神专注，这些简单的身体语言能够给你的交流带来不一般的效果。不过，要恰如其分地运用肢体动作，如果运用不当，效果就会适得其反。我们周围就有这样的女人，她们也喜欢运用肢体语言，但是她们的表达方式是手舞足蹈，说到兴奋时还会唾沫横飞，一点也体现不出恰当的肢体语言所具有的那种优雅美，更别说对他人的尊重了。所以，要想得体地使用肢体语言，要谨记以下几个要点：

◎表情自然，态度安详

许多人在跟陌生人说话时，容易紧张导致表情不自然，说话时吞吞吐吐、口齿不清，甚至直接卡壳。所以，如果你感觉自己有些紧张，那么说话前深呼吸一下，使全身处于松弛状态，而且在吐气时稍微加一点力气，如此一来，心里就踏实了。有意识地面带微笑可使自己保持镇定。笑对于缓和全身的紧张状态有很好的作用，笑能调整呼吸，还能使头脑反应更灵活，注意力更集中。

◎神态专注，动作稳重

交谈一般是由两方组成的，而每一方都担负着两个任务：说和听。你的"说"是为了对方的"听"，你的"听"又促成了对方的"说"。但是我们周围的许多人在与人交谈时却忽视了这一点。他们顾不上听人家说了些什么，或是匆匆忙忙地打断别人

讲话，或是心不在焉地听别人谈话，或是断章取义地对待别人谈话，或是滔滔不绝地自吹自擂。很明显，善于倾听在无形中起到了褒奖对方的作用，是建立良好人际关系的一种手段。

你若能耐心地听说者倾诉，这等于告诉对方"你说的东西很有意义""你是一个我喜欢交往的人"。无形中，说者的自尊就得到了满足。于是，说者对听者就会产生一个感情上的飞跃。

说话时可适当做些手势，但不要幅度过大，更不能手舞足蹈，或用手指指人。交谈双方距离不宜太远，也不宜太近，要根据双方关系的亲密程度而定。

◎与肢体语言相配合

与没有反应的人说话如对着木偶人谈话一样，使讲话人兴趣索然。交谈中的反馈方式，包括眼神的交流、点头示意、手势以及显得轻松而有礼貌的表情、姿势等。

加入别人的谈话，要先打招呼。若是恰遇人家在个别谈话，不要凑前旁听。若要插话，最好待别人把话说完再说话。别人与自己主动说话，应乐于应答。有第三者参与谈话时，应以握手、点头或微笑表示欢迎。交谈中有事要离开，应向对方打招呼，表示歉意。

女人的气质本来就是在举手投足之间体现出来的，所以，说话时的肢体动作必然会影响到交流的效果，因为一个人留给他人的印象对影响他人做何种决定有很大作用。因此，女人要想给别人留下良好的形象，取得良好的交流效果，就要控制好自己的表情和动作。

"谢谢"的力量

　　"谢谢"是个美丽的词，是一种深刻的情感表达，能够增强个人的魅力。感恩也像其他受人欢迎的特质一样，是一种习惯和态度，但它却常常被人忽略。生活中很多女性或是害羞，或是骄傲冷漠，很少对别人说"谢谢"，以至于经常听人说"帮了她的忙，连句'谢谢'都不会说"。

　　女人在说话办事时，一定要懂得感谢别人。无论是对家人、朋友还是同事，"谢谢你""我很感谢"，这些话要经常说。你可以发挥创意，以特别的方式来表达你的感谢之情，这往往比物质性的礼物更可贵。例如，写一张字条给上司，告诉他你多么热爱你的工作，多么感谢他在工作中给你的机会。这种独具创意的感谢方式，一定会让他注意到你，甚至可能提拔你。感恩是会传染的，上司也同样会以具体的方式表达他的谢意，感谢你对他工作上的配合。

　　无论你走进哪家公司，如果你能够对为你服务的后勤人员说一声"谢谢"，他一定会打心眼里感激你，其实这也是基本的礼貌。反过来说，如果他们的工作被人漠视，或者被认为本来就是他们该做的，那么他们一定会感觉不舒服。关于这件事，你

只要转换一下自己的立场就不难明白了。因此，我们最好尽可能地对周围人说"谢谢您"等感激之语，以便为自己建立良好的人际关系。

在说感激之语时，我们应该注意以下几点：

◎语调必须清晰

说"谢谢您"时，切勿以极小的声音说出。这样一来，对方会以为他为你做的事是不值得感谢的，你只是碍于情面而说谢谢而已。所以，当你表示感谢对方时，应该清晰、愉快地说出来。

◎最好指名

当你欲对某人说谢谢时，最好先称呼对方的大名，然后表示你的感激之情。例如，"王丽姐，非常感谢您！"如果你欲向几位人士同时表示谢意的话，则最好不要说"谢谢大家"，而必须一位一位地称呼他们的名字，然后道谢。例如，"李刚哥，非常感谢你！""王丽姐，非常感谢你！"

◎必须看着对方

如果你以冷漠的态度说谢谢的话，势必会给对方留下恶劣的印象。而人们在互相注视的时候，交流通常比较容易进行。所以，表达感谢的时候，最好是专注地看着对方，这样你的话才显得是出于真心，你的感情才显得真挚。

◎要有具体所指

如果你一个劲地握住别人的手说"谢谢"，别人却不知所以然，那就说明你的感激是空洞无物的。所以，在你说谢谢的时候，一定要具体说出对方在哪一方面帮助了你。例如，"我真的非常感谢您为我介绍了不少客户。"

◎付诸行动

表达感激之情有很多方式，可以说也可以做。例如，送一份礼物，并附上一张便签，写上感谢的话，礼物不需要太贵重，精致美观而又能表现出诚意的礼物最好。当然，也可以请对方吃饭，更有助于增进感情。

每个人在听到别人对他说"谢谢"时，心中一定是愉快的。会说话的聪明女人一定要学会时常对别人说谢谢，找机会对别人说谢谢。这样做，既显示了你的礼貌谦虚，也拉近了你与他人之间的关系。

会说话的女人不会轻易插嘴

相信大家都有这样的体会，讲话时最讨厌的就是别人突然插话。打断别人的讲话，不仅打断了对方的思路，而且会让他感觉到你不尊重他。事实上，我们常常听到讲话者这样抱怨："你让我把话说完，好不好？"

懂礼貌的女人不会因为自己想强调一些细枝末节，想修正对方话中一些无关紧要的部分，想突然转变话题，就随便打断对方的话。随便打断别人说话就表示你不善于听人说话，个性偏激、不懂礼貌，这样的人很难得到别人的好感。

客户经理正与客户谈一个项目，在争论最激烈的时候，助理杨小姐闯了进来，插嘴道："经理，我刚才和哈尔滨的客户联系了一下，他们说……"接着就说开了。经理示意她不要说了，而她却越说越起劲。

这位客户本来就心情不大愉快，见到这样的情景更是气坏了，就对客户经理说："你先跟你的同事谈吧，我们改天再来。"说完就走了。这位助理乱插话，搅黄了一大笔生意，让经理很是恼火。

随便打断别人说话或中途插话，是有失礼貌的行为。但有些女人却存在这样的陋习，结果往往在不经意间就破坏了自己苦心经营的人际关系。比如，上司安排工作的时候，他通常会先对各项任务做一个简单说明，并留出时间解答下属的疑问。如果你不等上司把话说完就插嘴提问，除了让上司认为你很轻率、肤浅之外，还会让他感觉你不尊重他。如果碰到性格暴躁的上司，恐怕就会大声地怒喝："你闭嘴！听我把话说完！"

不懂礼貌的女人总是在别人津津有味地谈着某件事情的时候，冷不防地半路杀进来，让别人猝不及防。她们不会预先告诉你，她要发言了，并且她插话时不管你说的是什么，都会将话题转移到自己感兴趣的方面去，有时是把你的结论代为说出，以此得意扬扬地炫耀自己的小聪明。无论是哪种情况，都会让说话的人顿生厌恶之感。

虽然打断别人的话是一种不礼貌的行为，但是如果是"乒乓效应"则是例外。所谓的"乒乓效应"是指，听人说话的一方要适时地提出许多切中要点的问题，或发表一些意见感想来响应对方的说法。还有如果听漏了一些地方，或者是不懂的时候，要在对方的话暂时告一段落时，迅速地提出疑问之处。

当然，如果对方与你说话的时间明显拖得过长，他的话题也越来越令人不快，或者使人昏昏欲睡，那么你就可以礼貌地提醒对方注意时间。同时，说话的口气与方式也应照顾到对方的感受，避免给对方留下不愉快的印象。

培根曾说："打断别人、乱插话的人，甚至比发言冗长者更令人生厌。"打断别人说话是一种非常无礼的行为，所以我们要养成不随便打断对方说话的好习惯。

女人要想在人际交往中获得好人缘，要想让别人喜欢、接纳自己，就必须克服随便打断别人说话的陋习，在别人说话时不插嘴，并做到：不要用不相关的话题打断别人说话；不要用无意义的评论打乱别人说话的思路；不要抢着替别人说话；不要急于帮助别人讲完事情。把这些聊天中的小细节做好了，你就可以成为交际达人。

男人也需要赞美

　　不要以为甜言蜜语只能从男人的口中发出来，女人也应该不失时机地对男人说一些让他高兴的话。因为无论男人还是女人，都需要心灵的滋养，只不过女人说甜言蜜语的方式与男人要有所区别。

　　许多婚姻专家认为，在处理夫妻关系时，如果你真正爱对方的话，有时对一些特定的想法和感受反倒要秘而不宣，甚至要说点甜蜜的谎言。

　　一位个子不高的丈夫问他的妻子："你是否希望我是个身高腿长的男人？"他的妻子如果照实回答肯定会伤他的心，因为身材矮小是天生的，无法补救。所以妻子可以将事实修饰一番后再来回答丈夫。她可以说："如果我真想找高个的，我早就和那样的男人结婚了。而实际上并非如此，我嫁给了你，我就要你这样的。"

　　这样回答肯定会让丈夫满意，因为妻子强调了她更爱丈夫所具有的比腿长个高更有意义的特质。一句话将女人的温柔体贴体

现得淋漓尽致。

　　每天对自己所爱的人多说几句好听的话吧，不要觉得害羞。如果几句甜言蜜语就能让你的丈夫高兴，那么让彼此的关系更亲密不是很简单的事情吗？

　　如果他去进修，你可以告诉他：你很爱他这种好学不倦的精神。

　　如果他参加任何类型的义务团体，你可以告诉他：能把时间运用在理想的目标上真好。

　　如果他和孩子们玩耍，你可以告诉他：孩子能有他这么一位爸爸真是太幸运了。

　　如果他说话很逗趣，你可以告诉他：你欣赏他的幽默感。

　　如果他擅长说恭维的话，你可以告诉他：能拥有这么一位善解人意的丈夫真是福气。

　　如果他很爱说话，你可以告诉他：聚会中有他才有生气，他是聚会的生命。

　　如果他不爱说话，你可以告诉他：他真是一位难得的听众，他为你带来了无比的安宁与平静。

　　如果丈夫总是在外面和朋友玩到很晚才回家，你可以对他说："晚上，你不在家里我会害怕。"这一句话既满足了丈夫作为家庭保护神的虚荣心，也表达了你对他的依恋之情，同时还委婉地暗示了你深爱着他、生怕他被别的女人抢走的心理。

　　如果你总是在他耳边说着这样的甜言蜜语，那么任何男人都会为之动容，爱你的人也会更加爱你。不要认为只有女人爱听甜蜜的话，男人也是一样的，让他感受到你的爱意，他会更加疼爱你。

不过，虽然含蓄的方法能滋生出浪漫的情调以增进彼此双方的感情，但用起来也需要注意你的措辞。弯子拐得太多太隐晦就不好了，最好是用那种大家都能听明白的方式说出来，而且这种方式最好是用在关系稳定持久的情侣或是夫妻之间，这样就会比较讨巧而不讨嫌。但倘若你无论见到任何异性都用此招的话，那就极有可能被人当作一个滥情的水性杨花之流！

　　人们都说女人是用耳朵来生活的，赞美是女人生命中的阳光。然而，男人也一样，他们一样喜欢听到他人对自己的肯定和赞美，因为这会让他们有一种价值感，并由此充满自信。可以说，恰到好处的赞美是打在男人身上的一针强心剂。

　　如何赢得男人的爱，怎样才能让男人对你死心塌地，这是一门艺术，是一门需要用良好的口才去细心经营的艺术。女人都希望自己的爱情之树常青，那么请不要吝惜你的甜言蜜语，向你的另一半大胆地说出你的爱吧！

温柔体贴的女人最可爱

如果你看到丈夫回家时满怀热情，在这种情绪的感染下，你一定也会感到高兴和激动，因为你有这种正当的需求。如果这种需求没有得到满足，你就会觉得郁郁寡欢和失落。其实，丈夫的想法和你一样，当他下班回家时，如果你送上一个热烈的拥抱或亲吻，他就会感到幸福和满足；如果迎接他的总是一些惹人心烦的琐事，比如孩子又闯祸了，抽水马桶又堵了，垃圾箱里满满的垃圾又该清理了，等等，双方就很容易发生冲突和争吵。

也许你会觉得自己每天都过着紧张忙碌的日子，压力特别大，需要有人替你分担重担和忧愁，需要有个肩膀可以依靠，但是丈夫却对你置之不理，甚至还不耐烦地嘟嘟囔囔，这时你就会非常伤心和失望。其实，丈夫和你一样，也渴求得到关爱，也有很多需求没有得到满足。所以，正确处理事情的关键就在于双方的相互理解。

惹人心烦，破坏人情绪的事可以等合适的时机再说，不要一见到丈夫的面就大倒满肚子的苦水和委屈。不管你是否习惯，你都不妨试着用热情去迎接丈夫，这对你们关系的改善是大有好处的。也许你会认为自己的丈夫应该比其他男人更理解你，更愿意听你说话，更多地夸奖你，但实际上，世上大多数丈夫却并非如此。对于你所嫁的那个男人来说，你可能会发现，真实的他比你想象中的他要差得多。同样，他可能对你也会有类似的想法，当他拿着报纸坐在电视机前时，心里也许在想："结婚前我的日子没有这些不平静和不安宁，踏进门也从来没有这么多坏消息和牢骚惹我心烦，为什么我要为了婚姻而抛弃自由？"

婚姻中出现的这些情况，很难说谁对谁错，它不过是婚姻冲突的一种表面现象。因为双方都只想索取，不想奉献，所以才会造成这种局面。要避免这种情况的发生，必须有更成熟、更懂得夫妻相处之道的一方出面来打破僵局。如果你想成为这样的人，那就为此而努力吧，从此开始给丈夫以更多的柔情和赞赏，但不要期望不久丈夫就会懂得给你回应。也许丈夫会奇怪你的突然变化："她到底想干什么？"如果你希望自己的婚姻变得美满幸福，就应该心甘情愿地努力一年甚至五年的时间，用温柔体贴让他最终屈服。

要知道，靠责备或攻击并不能改变丈夫。那种"必须服从我的命令"的唯我独尊的态度只会招致丈夫的不满和敌对情绪，不仅丈夫会做出反击，其他任何人，包括孩子也会采取同样的办法。要知道，爱可以产生爱，恨却只能招来更大的仇恨。

有时候，你的确拥有表达自己感情的权利，但怎样表达是非常重要的。看看下面两种不同的态度，考虑并比较一下它们所产生的不同效果吧。

一种是："我已经受够了！你总是想不起我们的结婚纪念日，也懒得和我多说一句话，还不知道操心孩子的事，你也很久没有陪我出去吃饭了。"

另一种是："亲爱的，最近我遇到了点麻烦，或许你能帮助我。这段时间我心里一直不太舒服，情绪也不太好，本来我想去检查一下身体，不过我觉得可能是其他原因造成的。有时候，你的情绪看起来也不太好。也许是孩子们太顽皮了，所以我常常感到心烦意乱。我知道你的工作很辛苦，可我还总提一些无理的要求，好像对什么都不满意。也许你会觉得我不再爱你了，其实我仍然和从前一样爱你。你知道吗？现在我觉得自己对你好像不像结婚前那么好了，因为我变得爱唠叨。假如我变得十分唠叨了，惹得你心情不佳时，我希望你能提醒我改掉这个毛病……噢，亲爱的，如果我们重新来过，会出现什么结果呢？我会努力变得更温柔，努力摆脱那些不满情绪。当然，我没有权利要求你，也无意要你改变。如果我们找个时间把孩子托付给别人暂为照管，我们一起出去散散心，或者先去野餐，然后再随便逛逛，那该多么美妙啊！有时候，我们也应该留点时间给自己，你觉得呢？"

很明显，第一种表达方式很有可能会让夫妻双方为此大吵一架，而对于第二种方式，任谁都能听出妻子话语中的委屈之意，并且会心甘情愿地满足她的要求。这就是温柔女人的迷人之处。

当然，只有当你真正想跟丈夫表达爱意并放弃责备或攻击时，才可以采用这种温柔的方式，但切记不能将它作为一种达到自己目的的手段。如果你改掉命令、强迫、委曲求全的毛病，真实地展现出你对丈夫的爱和耐心，那么你一定会得到回报的。

第十二章 说好场面话，
可以八面玲珑，
可以温柔贴心

请客吃饭要找对人，
更要找好理由

　　中国有句古话叫"无功不受禄"。因此，请别人吃饭一定要找个合适的理由。要知道，恰当的宴请能大大拉近人与人之间的距离，从而提高办事的成功率。如果对方能欣然赴宴，那么求他办的事也就相当于成功了一半。

　　周岚是刚毕业的大学生，初入职场的她和办公室里元老级的同事总有些不合拍，大家都说她太内向、太木讷。办公室里的同事总能找到理由互相请客，而且科长也时不时地欣然前往。所以，周岚更加被孤立了。虽然她也很想请大家吃饭，好借机拉近自己和大家的距离，但是一直没找到合适的理由。

　　这天，她在路边的饭厅吃午餐，看到对面有个福利彩票销售点，很多人都在排队买彩票。她灵光一闪，顿时想到一个好办法。

　　从那天起，周岚开始买彩票，还有意无意地将买来的彩票遗忘在办公桌上。她买彩票的消息，在同事间不胫而走。还没等大家把这个消息炒成办公室里最热门的话题，一天早上她就郑重地宣布自己获得了一个两万元的奖。下班了，同事和科长都被请进了饭店，她从大家的眼神里看到了认可和友好的神情。

从此以后，周岚也渐渐融入了办公室这个大集体。就连她后来结婚分房的事，也是科长和同事鼎力相助的结果。这一切都得感谢那次虚拟的中奖。

俗话说，"拿人家的手短，吃人家的嘴软。"很多人都明白这个道理，所以，宴请别人一定要找个好理由，理由找好了，才能让对方欣然赴宴，才能让你的目的有可能达成。

通常情况下，请客的方式无外乎以下几种：

◎开门见山式

例如，当你想邀请领导吃饭时，你可以直接说："请问是徐经理吗？我们现在正在某某酒楼吃饭，过来认识几个朋友吧，我们等你来啊！"这种方式自然亲切。

◎借花献佛式

例如，"陈工！今天获奖名单公布了，我中奖了！走吧，我们去庆祝庆祝！"然后在酒宴上再提出自己求他所办之事，那时候他的酒都喝了，哪好意思不帮你？

◎喧宾夺主式

例如，"哦！你中午没有时间啊？没关系，这样吧，下午我去订个位置，然后晚上你带上你的家人，我们一起去吃怎样？晚上我给你打电话！"这样发出的邀请，别人就很难再有借口推辞了。你也就有了接近对方，求其办事的机会。

生日、乔迁、工作调动、开业典礼等都能成为请客的理由。聪明的女人要善于抓住时机发出邀请，把请客的理由说得圆满一些、自然一些，让人乐意赴宴。

让"逐客令"变得有人情味

有朋来访，促膝长谈，交流思想，增进友情是生活中的一大乐事，也是人生道路上的一大益事。宋朝著名词人张孝祥在跟友人夜谈后，忍不住发出了"谁知对床语，胜读十年书"的感叹。然而，现实中也会有与此截然相反的情形。下班后吃过饭，你希望静下心来读点书或做点事，但有些不请自来的话痨朋友总会缠着你，东拉西扯说个没完，一再重复你毫无兴趣的话题，还越说越劲。你勉强敷衍着回应几句，虽然心里很想对其下逐客令，但又怕伤了感情，所以只好"舍命陪君子"。

鲁迅先生曾说："无端地空耗别人的时间，无异于谋财害命。"任何一个珍惜时间的人都不愿任人"谋财害命"。所以，要怎样对付这种说起来没完没了的人呢？最好的对付办法就是：运用高超的语言技巧，把"逐客令"说得美妙动听，既不挫伤对方的自尊心，又使其变得知趣。

要将逐客令下得有人情味，可以参考以下方法：

◎ 以婉代直

用婉言柔语来提醒、暗示滔滔不绝的客人：主人并没有多余的时间跟他闲聊胡扯。与冷酷无情的逐客令相比，这种方法比较容易被对方接受。

例一："今天晚上我有空，咱们可以好好畅谈一番。不过，从明天开始我就要全力以赴写工作总结，争取这次能评上优秀教师。"言下之意是：请您从明天起就别再打扰我了。

例二："最近我老公身体不好，吃过晚饭后就想睡觉。咱们是不是说话时声音低一点？"这句话用商量的口气，传递着十分明确的信息：你的高谈阔论有碍主人的休息，还是请你少来为妙吧。

◎以写代说

有些人对婉转的逐客令可能会意识不到。对于这种人，可以用张贴字条的方法代替语言，让人一看就明白。

话剧《陈毅市长》里有一位著名的科学家，在自家客厅的墙上贴上了"闲谈不得超过三分钟"的字条，以提醒来客：主人正在争分夺秒搞科研，请闲聊者自重。看到这张字条，纯属闲谈的人，谁还好意思喋喋不休地说下去呢？

根据具体情况，还可以贴一些诸如"我家孩子即将参加高考，请勿大声喧哗""主人正在自学英语，请客人多加关照"等字条，制造出一种惜时如金的氛围，使闲聊者理解和注意。字条是写给所有来客看的，并非针对某一位，所以并不会令某位来客难堪。

◎以热代冷

用热情的语言、周到的招待代替冷若冰霜的表情，使闲聊者在非常热情的主人面前感到今后不好意思多登门。闲聊者一到，你就笑脸相迎，沏好香茗一杯，捧出瓜子、糖果、水果，很有可能把他吓得下次不敢贸然再来。你用接待贵客的高规格，他一般不敢老是以贵客自居。

过分热情的实质无异于冷待，这就是生活辩证法。以热代冷，既不失礼貌，又能达到逐客的目的，效果之佳，不言自明。

祝酒词显才气很重要，
而拒酒词管用最重要

女人在酒桌上向来是比较吃亏的，除了少数女中豪杰之外，大多数女性都不胜酒力，甚至一部分女性是滴酒不沾的。然而，酒桌上的氛围总是喝酒容易拒酒难。要注意，拒酒的话要说得不让劝酒的人觉得你是在故意不给他面子，也不要让其他人觉得你是在故意扫大家的兴。

下面我们就介绍几种行之有效、自然大方的拒酒方式。

◎满脸笑容，就是不喝

王伟大喜之日，特邀亲朋祝贺，老同桌曹芳也在其中。曹芳平时很少饮酒，所以其酒量不堪一击。酒席上，偏偏有人提议让曹芳向王伟单独"表示"一下。曹芳深知自己酒量的深浅，忙起身，一个劲地说圆场话："酒不在多，喝好就行。""经常见面，不必客气。""你看我已经满脸通红，全托你的福，实在是……"结果，王伟无可奈何。

筵席上有一些"酒精（久经）考验"的拒酒者，任凭敬酒的人说得天花乱坠，他们就是笑眯眯地频频举杯而不饮，而且振振有词。这种满面笑容、好话说尽的拒酒术往往能让对方拿你没办法，最后只好作罢。

◎以其人之道，还治其人之身

小欣的朋友魏明，人很好，就是有一个毛病，喜欢在酒席上盛情劝酒，而且通常都采取那种欲抑先扬的劝酒术，先恭维对方是高人或朋友，然后再举杯敬酒，让对方骑虎难下。因为魏明已经有言在先，如果不喝，就不配为高人，不配做朋友。

这天在酒席上，魏明又故技重演，劝小欣喝酒，可小欣怎么也不想喝了，于是说："今天你要我喝酒简直是要了我的命。如果你把我当朋友，就不要害我了！"魏明也就不好意思再劝了。

小欣使用了和他一样的说话技巧，可谓是以其人之道，还治其人之身。因为小欣的言下之意也很明白：你要我喝酒就不够朋友！

劝酒者都有一个心理：喝也罢，不喝也罢，口头上都必须承认是朋友。抓住了劝酒者的这个弱点，他碍于朋友的情面，就不得不缄口了。

◎坦白求"从宽"

韩莉去参加大学同学的聚会。十年没见了，老班长坚持要和这位当时的"班花"痛饮三杯。这时，韩莉说："你的心意我领了，遗憾的是我最近一段时间身体不好，正在吃药，好长时间滴酒不沾，只好请老班长你多多关照了。"此言一出，大家纷纷赞

同，老班长也就只好见好就收了。

事实胜于雄辩，拒酒时，若能突出事实，申明实际情况，表明自己的苦衷，再配上得体的语言，那就能取得劝酒者的谅解，使他欲言又止，辍杯罢手。

◎夸大后果，争取谅解

饮酒当然是喝好而不是喝倒，让客人乘兴而来，尽兴而归。那种不顾实际的劝酒风，说到底，也不过是以把人喝倒为目的，这充其量只能说是一种低级趣味的劝酒术，是劝酒中的大忌。作为被动者，当酒量喝到一半有余时，就应向东道主或劝酒者说明情况。比如："感谢你对我的一片盛情，我原本只有三两酒量，今天因喝得格外称心，所以多贪了几杯，如果再喝就'不对劲'了，还望你能体谅。"

如此开脱以后，就再也不要喝了。只要劝酒者明白过犹不及的道理，他就会见好就收。

◎以情动人，以退为进

媛媛陪丈夫去参加聚会，酒席上丈夫的好朋友们大有不醉不归的架势。但丈夫的身体不好，媛媛担心生性内向的丈夫会一陪到底，而不会适时拒绝。等丈夫三杯白酒下肚后，媛媛站了起来，举起手中的酒，对酒席上丈夫的朋友们说："各位好朋友，我老公身体不好，两周前还去过医院，医生特地嘱咐说不能喝酒，可今天见了大家，他高兴，才喝了那么多。既然都是好朋友，你们也一定不忍心让他酒喝尽兴了，人却上医院了。为了不扫大家的兴，我敬各位一杯，希望咱们友谊长存！"说完，一杯酒就下了媛媛的肚子。丈夫的朋友听她说的话挺在理，又充满感情，再看她豪爽的架势，也就不再劝她丈夫喝酒了。

需要注意的是，女人在帮着丈夫拒绝时一定要慎重，不要贸然代替丈夫拒酒，否则会让人觉得你的丈夫不豪爽，反而有损他的面子。

总之，女人在酒桌上既有劣势又有优势：劣势在于大多数女人不胜酒力，优势在于男人总不好勉强女人喝酒。女人只要能找个好理由，把拒酒的话说得自然一些，就能够轻松过关。

"师出有名"，把礼品理所应当地送出去

送礼，总要在说法上找个由头，这样才好把礼物送出去。用"师出有名"来形容送礼最恰如其分了。礼物送得名不正、言不顺，那对方就不太愿意接受。节日、生日、婚礼等有意义的纪念日，或探视病人，都是送礼的最佳时机。因为这些时候送礼可以使收礼者不感到突兀，比较容易接受。

在西方国家，圣诞节是最重大的节日。圣诞节时，天真烂漫的孩子们为收到各种新奇的玩具而兴高采烈，以为这是圣诞老人送给他们的礼品。大人们之间常送些书籍、文具、巧克力或盆景等。而在我国，像端午节、中秋节、春节这些传统节日也是走亲访友的好时机，并且随手送一些礼品也被视为很自然的事。

在平时，女人因求人办事需要送礼时，一定要先找个理由，让对方不好意思推辞而把礼物收下。下面有几种方法可供你参考：

◎把理由说到对方的孩子身上

你可以说："东西是给孩子买的，和你没关系。别说来找你办事，就是没这事，随便来串门儿还不一样应该给孩子买点东西吗？"

◎把理由说到对方家里的老人身上

你可以说："你不用客气，这东西是给老爷子买的。老爷子的身体最近还行吧……你方便时把东西给老爷子拎过去得了，我就不再过去打扰了。"

◎把理由说到自己的爱人身上

你可以说："是啊，我也说找您办事用不着拿东西。可我爱人说啥也不干，非让我拿着不可。既然拿来了，就先搁这儿吧，要不然，我爱人准得埋怨我不会办事，回到家又少不了一顿吵吵。"

◎把理由说到对方可能存在的损失上

你可以说："您给办事就够意思了，难道还能让您搭钱破费？这钱您先拿着，必要时替我打点打点，不够用时我再拿。"

◎把送给对方的钱说成是暂存在对方手里的

你可以说："我知道，咱们之间办事用不着钱，但万一需要打点，现找我拿钱就不赶趟了。所以，这钱先放你这儿，用上了就用，用不上到时候再给我不是一样吗？"

以上几种说法都颇有人情味，对方也觉得在理，所以也就没理由再拒绝而把礼物收下了。因此女人送礼时不妨参考这些理由，轻轻松松地把礼送出去；这样，你想办的事也就成功了一半。

探望病人，
暗示性的语言更能让他精神振作

　　生病总不是件愉快的事，因此大多数人生病之后总是情绪低落，如果加上病情恢复缓慢，就会消极悲观，如此一来更加不利于治疗。因此，探望病人时很重要的一点就是鼓励，让对方精神振作。例如，可以以病人在治疗过程中出现的某些症状缓解的情况为依据，适时给他以积极的暗示。这样将会消除病人的悲观心理，使其鼓起勇气，积极配合治疗。

　　有一个患黄疸型肝炎的病人，通过一段时间的住院治疗，他总以为自己的病没有好转，所以产生了悲观情绪，丧失了治疗信心。这时，一个亲戚前来探视，暗示他说："你的脸色比以前好多了，听医生说，你的黄疸指数已有所下降，这说明你的病情正在好转啊。"这句暗示性的话，客观实在，使病人的精神倏然振作。于是，他乐观地接受治疗，加快了康复进程，不久便病愈出院了。

　　在探望病人时，我们更多的是要说些鼓励、安慰、劝说性的话。在说这些话时，我们可以有意识地运用一些让他精神振作的暗示性语言。

◎在运用鼓励性语言时，可以用病人本身的优势进行暗示

当某些患者对自己疾病的治疗丧失信心时，可以适时地给予真诚和符合客观事实的鼓励，这样就能在患者身上产生起死回生的作用。

◎在运用安慰性语言时，可以代表他人暗示病人

探视者对患病亲友的安慰，是至关重要的，所以安慰性语言比任何语言都重要。但如果运用暗示性的安慰，效果会更明显。

有个初患胆囊疾病的患者，因为疾病发作时疼痛难忍，加之一时未得到确诊而心理恐慌，所以他开始大喊大叫。这时，患者的一个同事闻讯前来探望，并安慰他说："请你冷静一下，医生正准备给你做B超检查。你放心，这个部位不会有大病，我的一个亲戚和你有过相似病症，一直才知道不过是胆囊炎，容易治疗。"一席安慰话，似乎是一剂灵丹妙药，患者的情绪很快就稳定了下来。

◎在运用劝说性语言时，借助实际情况进行暗示

一些患者在治疗过程中，往往会因为手术的疼痛或怀疑有危险而产生恐慌心理，进而拒绝治疗。面对患者的这一心理障碍，我们去医院探望时，就应该积极做些说服工作，尤其是可以运用一些颇具现身说法的劝说性语言。因为这些语言的说服力更强，效果更好。

有一个年老的胃癌早期患者，因为害怕剖开腹腔而拒绝手术。虽然其家属一再劝说，但都不奏效。一个做过胃切除手术的老朋友前来探视，他通过自己的亲身经历劝慰道："你看我做了手术后恢复得多好。你还是早期，手术后更容易复原。所以，你不用害怕。"通过朋友的劝说，这个患者终于接受了手术。

　　总之，探望住院治疗的亲友时，温柔体贴的女性应该多说些有利于病人振奋精神，增强信心，配合治疗的话。倘若面对病情较重而丧失治疗信心的亲友，你说"哎呀，你病得不轻啊，看你都瘦成这般模样了"，这无疑会给病人的情绪雪上加霜，结果不言而喻。

夫妻吵架，聪明女人绝不这样说

夫妻间难免会发生争吵，在一触即发之际，是火上浇油，还是春风化雨，往往取决于女人的言语。有时候，恰到好处的一句话，不仅能平息争端、掌握主动，还能让夫妻在磨合的过程中更亲密、更融洽和更快乐。

要记住，指责的话要少说为好。有时你的本意是好的，可说出来的话却全变了味，这时一场争执往往就在所难免了。

◎ **"我要跟你离婚！"**

对夫妻来说，"离婚""散伙"是非常敏感、沉重的词，所以不到感情破裂时，千万不可顺嘴而出。轻率地提及这些词是很危险的：一是容易撕裂夫妻间的感情纽带，使对方产生不必要的猜测，变得心灰意冷；二是容易加深家庭矛盾，长此以往，可能真的会出现离婚的恶果。

李瑾和丈夫感情不错，只是偶尔有点口角。这本来算不了什么，可是李瑾每次只要情绪一激动便口无遮拦，"吵什么吵，不行就离婚！"顺嘴就出。第一次这么说，丈夫还不太在意，几次以后，他就觉得不是滋味了，以为妻子移情别恋，所以才把离婚

挂在嘴上。一来二去，丈夫对李瑾越来越疏远。不久之后，两个人真的走上了离婚的道路。

◎ "真是个窝囊废！"

王俊是个知识分子，对专业以外的事情不太在行。妻子看到别人的丈夫都能帮着做些家务，炒菜做饭，非常羡慕，因此对王俊非常不满，经常发牢骚说："你可真是个窝囊废，干啥啥不行，做啥啥不会。"她的本意是刺激他学点专业以外的本领，可事与愿违，她越这么说，丈夫越窝囊了。因为她的话使他怯于学习，他觉得无论自己多么努力，也达不到妻子的要求。

这位妻子可能有所不知，她正在用这些话语摧毁丈夫的自信心，伤害夫妻感情。正确的做法是，给伴侣以积极的鼓励，因为这样才有利于他提高自身能力。

◎ "当初嫁给你真是瞎了眼！"

类似的话还有"早知今日，何必当初""跟了你真是倒了八辈子霉"，等等。当女人愤愤地说这些话时，其深深的懊悔情绪是显而易见的，这怎么能不伤害配偶的自尊心呢？

丈夫下岗了，妻子惊呆了，想到这事会给她带来耻笑和白眼，会增加家庭的经济负担，还想到答应给儿子买钢琴……她不由得火气冲天："当初真是瞎了眼，嫁给你这么一个没饭吃的男人！"话刚说完，脸上就挨了丈夫一个大大的耳光，因为丈夫也正在焦虑上火，听到这样的话又怎能不格外生气呢？

其实，妻子应在丈夫人生的航船遭受风雨的紧要关头，将爱的缆绳牢牢地系在对方的船上，用温柔的情感将其拉出险滩。任何后悔的话，不仅不能解决问题，反而会使问题变得复杂，使感情之舟搁浅。

◎ **"你看看人家某某，比你强多了。"**

常言道："货比货得扔，人比人得死。"在当今的许多家庭里，"比较教育法"成了夫妻间教育对方的重要方法之一。这实际上是一种攀比心理。尤其是做妻子的，更是常常使用这种方法来埋怨丈夫。因为在中国的传统观念里，丈夫总是被当作一家之主，丈夫兴则兴，丈夫衰则衰，而且丈夫的兴衰直接关系到妻子的个人利益，所以妻子便习惯于找上几个"典型人物"来刺激丈夫。这一点就是在知识女性中也不能避免。

比如，"你看人家小刘的丈夫，年纪轻轻就当了总经理，再看看你。"对自己的丈夫采用这种"比较教育"的方式，无论是直率还是委婉，都含有"你不如某某"之意。因此，脾气好的丈夫会觉得尴尬至极，而脾气坏的丈夫则会说："人家好你就跟人家过去！"结果会给小家庭投下浓浓的阴影。应该理解的是，每个人都有自己的长处和短处，所以妻子应该懂得如何抓住时机去鼓励丈夫，而不是讽刺挖苦，讽刺挖苦的结果只能是适得其反。

◎ **"我做什么，你管不着！"**

夫妻间最宝贵的东西是信任，最有害的东西是猜疑。生活中，有的夫妻因相互信任而和和气气，感情日益加深；有的夫妻因相互猜疑而吵吵闹闹，感情日渐疏远。像"这事你管不着"这样的话，往往容易使对方产生误解。他会以为你有什么事对他有所隐瞒，从而渐渐地对你失去信任。

比如，妻子回家晚了，丈夫问："你干什么去了，这么晚才回来？"这本来是关心的话，可妻子如果正好赶上不顺心，就会说："你管不着！"丈夫当然会很委屈，而且还会暗自琢磨："她是不是有什么不可告人的秘密？"猜疑不觉而生，于是家庭风波就在不知不觉中酝酿起来了。

　　女人是感性动物，脾气上来的时候常常口不择言，可毕竟说出的话就像泼出去的水一样，想要收，是收不回去的。也许正因为这么一句话，你的爱人便会离你远去。所以，聪明女人一定要记住：上面这些话千万不能说。